Gabri ELA – Kurze Episoden von Mut und Übermut

1. Auflage 2021
ISBN 978-3-946310-25-9
© 2021 stellaplan Verlag Mössingen
Satz: stellaplan x-media-publishing
Herstellung und Druck: Germany

GABRI ELA

KURZE EPISODEN VON MUT UND ÜBERMUT

stellaplan

VORWORT

Mein Gedächtnis ist löcheriger als ein Schweizer Käse. Ich bin ganz offensichtlich eine Weltmeisterin im Vergessen und Verdrängen. Aber durch die Beschäftigung mit den zurückliegenden Zeiten ist mein altes Hirn wieder richtig angesprungen und hat sich an verschiedene Episoden erinnert, die ich dann nach und nach aufgeschrieben habe.

So sehr ich manches komplett vergessen habe, so deutlich stehen andere Situationen bis ins Detail vor meinem inneren Auge. Je länger ich damit beschäftigt war, vergangene Erlebnisse aufzuschreiben, desto mehr solcher Situationen fielen mir ein. Mehrfach glaubte ich schon fertig zu sein und immer wieder fiel mir über Nacht noch eine neue Geschichte ein.

Manche dieser Geschichten sind aufeinander bezogen, andere stehen allein. Es gibt auch inhaltliche Überlappungen. Dadurch kann man alle Geschichten unabhängig voneinander und in jeder beliebigen Reihenfolge lesen.

Viele Fragen von Freunden wie zum Beispiel: „Kannst du Italienisch?", „Kannst du Ski fahren?" oder „Kannst du eine Furgoneta fahren?", verstand ich früher nicht als einfache Fragen, auf die man mit „ja" oder „nein" antworten kann, sondern meistens als Herausforderung. Ohne lange zu überlegen, nahm ich diese jeweils an. Das soll ein typischer Charakterzug von Widdern sein, zu denen ich ja gehöre. Sie fackeln nicht lange, sondern sagen sich: „Wollen wir doch mal sehen, ob ich das hinkriege!"

Es handelt sich um einzelne mehr oder weniger chronologisch angeordnete Episoden und nicht etwa um eine komplette Biografie. Es fehlen einige wichtige Stationen meines Lebens und es fehlt die Würdigung wichtiger Personen. Aber man kann nicht alles auf einen Streich erledigen.

Ich danke allen, die mich ermutigt und unterstützt haben auf meinem Weg zum Schreiben von autobiographischen Büchern ohne Fußnoten, besonders Karo, die meine Quellen für das erste Buch „Autobiografische Fragmente" so toll fand und Matthias, der sich für Korrekturarbeiten anbot und – das war das Schönste! – der mit mir über viele Geschichten gelacht hat.

Euch liebe – hoffentlich geneigte – Leserinnen und Leser wünsche ich ebenfalls viel Vergnügen!

INHALTSVERZEICHNIS

HOKUSPOKUS – TANTE GERDA
SCHAUT IN DIE KARTEN

In meiner Familie gab es einen Hang sich mit Vorhersagen zu befassen. Meine Tante Gerda, die älteste Schwester meines Vaters, hatte eine Vorliebe dafür Patiencen zu legen und aufgrund der gewählten, natürlich sorgfältig gemischten, mehrfach abgehobenen und verteilten Karten Voraussagen zu treffen. Mein Vater nannte sie dann „die alte Hexe", aber er war einer der ersten, der sie dazu herausforderte, wenn wir sie besuchten: „komm Gerda, lass uns hexen!" Bei ihm ging es natürlich immer um Geld, Reisen und um die Gesundheit. Natürlich glaubte er nicht wirklich an die Voraussagen, insbesondere dann nicht, wenn sie für ihn ungünstig ausfielen. Aber irgendwie spielte doch immer die Hoffnung mit, dass Tante Gerda etwas Positives vermelden würde und dass dieses Positive – sagen wir mal ein Lottogewinn – dann auch tatsächlich eintreffen würde.

Dahin verstieg sich Tante Gerda aber nicht, denn sie hätte fürchten müssen, dass sie ihm das vorausgesagte Geld dann schuldete und womöglich einlösen müsste. Mit meinem Vater war in Geldangelegenheiten nicht zu spaßen, eigentlich mit niemandem aus seiner Familie, auch wenn er wahrscheinlich mit Abstand der geizigste Zeitgenosse war, den ich jemals kennengelernt habe. Natürlich gab es dafür gute Gründe.

Meine Mutter stand diesen Aktivitäten der „Weissagung" ablehnend gegenüber und machte sich Sorgen, was diese Vorhersagen mit den Betroffenen anrichte. Sie erzählte mir, dass Tante Gerda nach dem Krieg oft Frauen die Karten gelegt und auf die Frage geantwortet habe, ob der Mann aus dem Krieg zurückkäme. Das war natürlich ein sehr heikles Thema und meine Mutter befürchtete immer das Schlimmste. Aber irgendwie hatte meine Tante Glück und ihre Voraussagen erfüllten sich immer. So hatte sie unter anderem im Gespräch mit einer

Frau gefragt, ob diese ein Kind habe. Als diese das bejahte, sagte sie der Frau, dass sie mit dem Kind dringend zum Arzt müsse, es sei sehr krank und sie rettete diesem Kind wahrscheinlich das Leben. Von daher wurde sie in ihrem Bekanntenkreis hoch gehandelt und bekam vielleicht auch etwas dafür (vielleicht Lebensmittel), aber das kann ich nicht mit Bestimmtheit sagen, sondern nur vermuten.

Auch meine Schwestern waren nicht abgeneigt, Tante Gerda zu konsultieren. Da ging es natürlich immer um mögliche Partner und Hochzeiten bzw. Kinder- und Geldsegen. Es gab zwar auch bei ihnen eine gewisse Skepsis, aber die Atmosphäre, die meine Tante verbreitete, die ganze Inszenierung, bis hin zur Wortwahl: „innerhalb der nächsten 4 Wochen, der heutige Tag zählt", war irgendwie spannend und aufregend. Ich kriegte das als Kind nur am Rande mit, spürte aber die Faszination, die für die Betroffenen davon ausging.

Eines Tages sagte Tante Gerda meinem Schwager, er solle sich innerhalb der nächsten vier Wochen (der heutige Tag zählt) besonders in Acht nehmen mit seiner linken Hand, danach sei die Gefahr vorüber. Mein Schwager, der eine körperlich anstrengende Tätigkeit ausübte, konzentrierte sich besonders bei der Arbeit sehr darauf, dass seine Hand geschützt war und war die ganze Zeit über sehr angespannt. An dem letzten Tag innerhalb der genannten vier Wochen saß er abends vor dem Fernseher und sagte zu meiner Schwester, heute endet die Vorhersage von Tante Gerda und es ist nichts passiert. Hurrah!

Er sprach's, streckte sich freudig aus und geriet mit der linken Hand in einen großen Kaktus, der neben ihm auf der Fensterbank stand. Die Stacheln drangen tief in seine Hand ein, es gab eine Entzündung, er musste am nächsten Tag zum Arzt und war einige Zeit lang arbeitsunfähig. Also hatte Tante Gerda mal wieder Recht behalten.

Ein anderes Mal hatte mein Schwager zu einer anderen Firma wechseln wollen und konsultierte Tante Gerda, ob er das machen solle, nachdem er sich bei der neuen Firma schon vorgestellt hatte. Tante Gerda legte ihm die Karten und fragte ihn, ob er den Chef schon persönlich kennengelernt habe und ob der gesund sei. Er hatte ihn kennengelernt, aber es war ihm an dem Mann nichts Besonderes aufgefallen. Tante Gerda riet ihm ab, die Stelle anzutreten. Sie meinte, der potenzielle neue Chef sei vermutlich sehr krank und sie wisse nicht, was das für die Firma bedeute, wenn er sterben sollte. Mein Schwager wechselte den Arbeitsplatz nicht und erfuhr wenig später, dass der Chef der neuen Firma tatsächlich kurz darauf gestorben war. Da kommt man nicht umhin anzuerkennen, dass Tante Gerda hier besondere unerklärliche Fähigkeiten hatte.

ESOTERIK IM ELTERNHAUS

Mein Vater wiederum pflegte esoterische Praktiken eines anderen Typs. Zum einen war er als Wünschelrutengänger unterwegs. Er wurde oft gerufen, um festzustellen, ob es eine Wasserader auf einem Baugrundstück gab. Er schnitt sich dann von einem Haselnuss-Strauch eine Astgabel ab und mit dieser aufrecht gehaltenen Astgabel durchschritt er das Territorium, bis diese sich vehement nach unten bog.

Ich glaubte an einen Trick und sagte das natürlich auch. Er bat mich dann die Astgabel mit ihm gemeinsam festzuhalten, so dass ich kontrollieren konnte, ob er selbst den Ast drehte. An der Stelle, an der ich festhielt, zerbrach der Ast, weil er so stark nach unten zog. Von da an war ich überzeugt, dass der Ast wirklich von magischer Kraft nach unten gedrückt wurde und dass mein Vater das nicht manipulierte. Ich selber versuchte mich natürlich auch damit, aber ohne Erfolg. Ich weiß bis heute nicht, wie das funktionierte, aber sicher ist, dass mein Vater sehr gefragt und auch erfolgreich damit war.

Eine andere Spezialität meines Vaters war das Pendeln. Man legte ihm ein Foto verdeckt hin. Über diesem Foto pendelte er dann und bestimmte, ob auf dem Foto ein Mann oder eine Frau abgebildet war. Auch hier hatte er eine beeindruckende Trefferquote.

Im Alter sammelten meine Eltern dann zusammen Heilkräuter. Sie fertigten damit Salben gegen Rheuma und sonstige Krankheiten, die sie an Verwandte und Nachbarn verschenkten. Die Nutzer dieser Salben, heute würde man sagen die Follower, schworen auf ihre Wirkung.

Meine Eltern veranstalteten auch Unternehmungen, die nichts mit Magie, sondern eher mit Geiz zu tun hatten. Dies gehört eigentlich nicht hier her, fällt mir aber gerade ein und ich amüsiere mich beim Erinnern sehr. In irgendeinem Geschäft, ich nehme an in einem Baumarkt (falls es so etwas damals schon gab), wurde ein Gerät verkauft, mit dem man aus alten Zeitungen Briketts pressen konnte. Die alten Zeitungen wurden in Wasser eingeweicht und kamen danach in eine Art Presse, die von Hand bedient wurde. Heraus kam ein etwa ziegelsteingroßes Produkt, das getrocknet werden musste, um dann später als Brikett verheizt zu werden.

Da die Aktion im Winter stattfand, musste der gesamte Keller geheizt werden. Die Feuchtigkeit dieser Zeitungsbriketts setzte sich an Fenstern und Wänden im gesamten Keller ab und zog auch nach oben ins Haus, denn wir hatten ein offenes Treppenhaus. Das ganze Haus wurde also nun von Feuchtigkeit durchzogen, was dazu führte, dass man mehr lüften und noch mehr heizen musste. Es dauerte dann Tage oder Wochen, bis dieses Material tatsächlich getrocknet war und Verwendung finden konnte. Wenn es verheizt wurde, brannte es wie Zunder und der Heizeffekt war eher spärlich.

Das ganze Verfahren verstärkte nicht nur die rheumatischen Beschwerden meiner Erzeuger, sondern hatte noch einige andere Nebenwirkungen. Die im Vorratskeller gehorteten Lebensmittel, die trocken gelagert werden mussten, weichten auf und verschimmelten. Als ich eines Tages eine Packung Knäckebrot aus dem Keller holte und sie öffnete, waren die Scheiben biegsam wie Gummi. Problem erkannt, Gefahr gebannt! Also wurden jetzt alle Packungen geöffnet und ihr Inhalt auf sämtliche Heizkörper des Hauses verteilt. Als ich meinen Schwestern das am Telefon erzählte, lachten wir gemeinsam Tränen.

Ich lachte nicht ganz so befreit, denn ich wurde ja zu all diesen Aktivitäten als Hilfsarbeiterin herangezogen und hatte an der Presse ordentlich Hand angelegt und an allen Arbeitsgängen teilgenommen. Das geschah eigentlich bei allen Tätigkeiten im Haus, im Garten oder in der Garage. Ich war immer Handlangerin, musste mich bücken, musste festhalten und dergleichen mehr. Dadurch bekam ich eine große Erfahrung im Reparieren aller möglichen Dinge und ein Gefühl dafür, was man sich alles zutrauen kann, wenn man es einfach mal versucht.

Es gab nichts, was mein Vater nicht reparieren konnte, auch wenn er mitunter zu unorthodoxen Methoden neigte. So lernte ich einen Riss im Stutzen des Kühlers meines kleinen Fiat 600 regelmäßig mit gekautem Kaugummi abzudichten. Das hielt erfahrungsgemäß ca. 5000 km, dann musste wieder ein neuer Kaugummi gekaut werden. Das Gefährt war so klapprig, dass sich eine Investition in eine richtige Reparatur nicht mehr lohnte.

Also meine Eltern waren insgesamt etwas kauzig und taten manchmal merkwürdige Dinge. So trugen sie eine Zeit lang auch Kupferarmbänder, die ihren Körper entgiften sollten oder sie legten sich Kupfermatten unter die Betten, um sogenannte „Erdstrahlen" abzufangen. Ich nahm das zur Kenntnis, fragte aber lieber nicht nach und wunderte mich still. Das war auch besser so, denn kritische Nachfragen oder gar Widerspruch waren bei meinem Vater nicht besonders beliebt.

So gewöhnte ich mich schon als Kind und Jugendliche daran, dass man offenbar nicht alles, was zwischen Himmel und Erde passiert, erklären kann. Ich blieb immer skeptisch, konnte aber andererseits bestimmte Erfolge der von meinen Eltern und meiner Tante praktizierten Methoden nicht leugnen. Da war schon irgendwie was dran.

DU WILLST STUDIEREN?

Nach langen Kämpfen mit meinen Eltern konnte ich durchsetzen, dass ich mich für ein Studium an einer Fachhochschule bewerben durfte. Es war in dieser Lebensphase die Herausforderung schlechthin, denn es bedeutete, dass ich aus meinen Beruf aussteigen konnte und dass ich das Studium unbedingt schaffen musste. Ich bewarb mich beim Fachbereich Sozialarbeit, weil mir ein Bekannter glaubhaft versichert hatte, dass ich dort auf keinen Fall mit Mathematik in Berührung käme.

Das Wintersemester 1970 war das letzte, in dem man sich ohne Abitur, aber mit einer abgeschlossenen Berufsausbildung und der mittleren Reife bewerben konnte, und es war das erste, in dem die ehemaligen „Höheren Fachschulen" in „Fachhochschulen" umbenannt worden waren. Deshalb musste man – statt Abitur – eine umfangreiche Aufnahmeprüfung machen. Ich nahm vorsichtshalber an zwei verschiedenen Fachhochschulen an den Prüfungen teil und bestand beide, sehr zur Verwunderung und Enttäuschung meiner Eltern. So konnte ich mir den Studienort dann sogar aussuchen. Ich ging in die Nähe des Studienortes meines damaligen Freundes. Ich bekam einen Platz in einem Studentenwohnheim direkt neben dem Campus und war hochzufrieden. Nun konnte es losgehen!

Etwas irritiert war ich, als das Studium nicht sofort losging, sondern, als es stattdessen erstmal Proteste gab und zwar von einer größeren Anzahl von Bewerbern, die keinen Studienplatz bekommen hatten, aber darauf bestanden, trotzdem zu studieren. Sie hatten gegen das Auswahlverfahren geklagt und schließlich bekamen sie auch Recht. Das Argument war, dass der im Bewerbungsverfahren durchgeführte Test viel zu allgemein war und nichts über die spezifische Befähigung zum Beruf des Sozialarbeiters aussagte.

Ich war vollkommen überrascht. Darauf wäre ich ja niemals gekommen, dass man sich auch irgendwo einklagen konnte, wenn man nicht genommen worden war. Das wäre mir im Traum nicht eingefallen, leuchtete mir aber ein. Menschenskind, es gab noch so viel zu lernen auch außerhalb des Studiums und vor allen Dingen, man musste nicht unbedingt sofort klein beigeben, wenn man etwas anstrebte, das nicht sofort klappte.

Dies war eine wichtige Lehre, die ich mir merkte und die mich beflügelte. Überhaupt war das Leben in einer Großstadt und an einer Hochschule so eine Art zweite oder gar dritte Sozialisation für mich. Was hier alles möglich war, darauf wäre ich ja vorher niemals gekommen. Ich war so froh vier Jahre Berufsalltag hinter mir gelassen zu haben und nun wirklich tun und lassen zu können, was mir vernünftig erschien oder worauf ich einfach Lust hatte. Ein Hauch der 68er Bewegung lag auch noch in der Luft. Dies versetzte nicht nur mich in eine Aufbruchstimmung.

In den ersten Wochen ging es darum, erst einmal die Kommilitonen besser kennen zu lernen. In den Seminaren waren immer etwa 30 Leute. Ich war trotz aller Diskussionen stolz darauf, dass ich zu denen gehörte, die man auf Anhieb genommen hatte und dass ich mich nicht hatte einklagen müssen. Das tat meinem Selbstbewusstsein gut.

Die meisten von uns waren schon älter und hatten schon in den verschiedensten Berufen gestanden. Sie wussten von daher genauer als junge Abiturienten, was sie wollten bzw. was sie auf gar keinen Fall wollten. Alle waren wir befreit von unserm beruflichen Alltag und begierig darauf Neues zu erfahren. Und wir wollten bei allem ein Wörtchen mitreden.

Es gab einen Haufen neuer Fächer, unter denen wir uns zum Teil wenig vorstellen konnten. Die mussten erstmal beschnuppert werden, genau wie die entsprechenden Dozenten (die tatsächlich in der Mehrzahl männlich waren). Mit jeder neuen Lehrveranstaltung öffnete sich quasi ein neues Universum.

Ich kam aus dem Staunen nicht heraus. Nach den Lehrveranstaltungen wurden die Eindrücke in der Mensa oder in irgendeinem Imbiss mit verschiedenen Kommilitonen besprochen und nachverarbeitet. Alles war neu und aufregend.

Ich fand erstmal alles toll und umwerfend, konnte mich sogar ganz gut damit arrangieren, dass ich nur ein Doppelzimmer ergattert hatte (der Preis sprach dafür), fand die Umgebung toll, insbesondere das sehr nahe Hallenbad und auch eine Sporthalle im Viertel. Außerdem konnte ich meinen Freund in seinem ca. 30 km entfernten Studienort am Wochenende besuchen oder er kam zu mir, wenn meine Doppelzimmerpartnerin nicht da war.

Die Umstellung von meinem Berufsleben auf das Studienleben erlebte ich voller Neugier, freudig und mit viel Spaß. Die Herausforderung erschien mir interessant, neuartig, ohne unüberwindliche Hürden und ich freute mich jeden Tag aufs Neue über meinen Entschluss hierhergekommen zu sein. Jedes neue Thema inspirierte mich, jede neue Person interessierte mich, niemand bevormundete mich. Ich war immer bester Laune. Alles bestens!

Im Laufe der Zeit hatte man dann mit einigen Leuten mehr und mit anderen weniger zu tun. Es bildeten sich verschiedene Gruppen, die sich auch in der Freizeit trafen. Es formierten sich potenzielle Wohngemeinschaften, es gab Fahrgemeinschaften aus den umliegenden Ortschaften und es gab Gruppen, die gemeinsam in der Mensa aßen und dergleichen mehr. Mir fielen sofort die verschiedenen Dialekte auf, welche die Herkunft ihrer Sprecher aus unterschiedlichen Regionen erkennen ließen. Die meisten kamen jedoch aus Hessen. Am Anfang gab es viele lustige sprachliche Missverständnisse, denn ich verstand meine Kommilitonen manchmal einfach nicht.

So fragten mich einige, ob ich mit zum Mittagessen ginge. Ich sagte, dass ich noch zur Post müsse und dann nachkäme und erkundigte mich, wo sie denn hingehen würden. Einer sagte „Ei, mir gehe ins Hädy", das ist nicht weit von der Post

16

entfernt. Gut, ich erledigte also meine Sachen bei der Post und machte mich auf die Suche nach dem Hädy, stellte mir darunter irgendeine kleine Kneipe vor. Ich drehte meine Runden und fand nichts. Schließlich fragte ich eine Frau, ob sie wüsste, wo denn das Hädy sei. „Ja sischer, Mädle, ei Sie stehen doch davor!" Verwundert schaute ich mich um und stand wo? Vor dem Kaufhaus Hertie! Aha, so sprach man das also aus. Ich bedankte mich und gluckste vor mich hin.

Es gab unten einen Imbiss. Ich ging hinein und fand die Gruppe. Die waren so gut wie fertig mit dem Essen und fragten, wo ich denn so lange geblieben sei. Ich erklärte meine Suche und sie lachten sich natürlich kaputt. Solche Vorkommnisse gab es in der ersten Zeit häufiger und trugen zur allgemeinen Erheiterung bei.

LEBEN IM STUDENTENWOHNHEIM

Als ich mich endlich zu Hause durchgesetzt hatte mit dem Wunsch zu studieren und die dafür notwendigen Formalitäten – Aufnahmeprüfungen – überwunden waren, bekam ich auch einen Platz im Studentenwohnheim der Nord-West-Stadt, wo auch die Fachhochschule sich befand. Es war ein Campus mit Einkaufszentrum, nein eher umgekehrt ein Einkaufszentrum mit Campus: zwei Hochschulen (Sozialarbeit und Wirtschaftswissenschaften), eine Mensa und ein Studentenwohnheim mit 13 Stockwerken. Alles gerade erst aus dem Boden gestampft, hochmodern und in meinen Augen phänomenal. Es war damals die Endstation der U1. Für mich als Landei war es toll in einer richtigen Großstadt zu wohnen und eine U-Bahn zu haben, die sozusagen bis zu mir ins Haus fuhr. Wer konnte so etwas noch von sich behaupten.

In diesem Wohnheim bekam ich ein halbes Doppelzimmer zugewiesen. Ich teilte es mir zunächst mit einer Hamburgerin, deren Namen ich vergessen habe. Sie war nett und umgänglich, aber wir hatten uns nicht sehr viel zu sagen. Schon bald suchte sie sich gemeinsam mit ihrem Freund eine Wohnung in Frankfurt. Genau erinnere ich mich nicht mehr. Woran ich mich komischerweise genau erinnern kann, ist die Tatsache, dass wir uns mal über unsere Freunde unterhielten und wie wir sie kennengelernt hatten. Sie erzählte mir, dass sie jahrelang immer morgens den gleichen Bus genommen habe wie ihr Freund und dass sie sich in den Kopf gesetzt hatte, dass sie ihn unbedingt kennenlernen wolle, weil er ihr so gut gefallen habe. Das hatte dann tatsächlich eines Tages geklappt.

Ich habe ihn nie gesehen, aber sofort hatte ich die Vorstellung, dass es sich um einen furchtbar schönen Menschen handeln müsste. Ich fand das komisch, denn ich dachte mir, dass die äußerliche Erscheinung ja noch gar nichts über den Menschen aussagt und hoffte, dass sie da keine bösen Überraschungen erleben würde. Aber ich sagte das selbstverständlich nicht, glaube aber, dass ich mit meinen Bedenken nicht so falsch lag. Sie zog jedenfalls aus und ich kann mich nicht erinnern, ob wir danach noch Kontakt hatten.

Dann zog Heide ein. Sie war in meinem Semester, aber wir waren in unterschiedlichen Gruppen unterwegs. Sie beeindruckte mich sehr durch ihre Jugend. Sie war „schon" dreißig Jahre alt und ich war gerade mal zwanzig, aber sie wirkte unglaublich jugendlich und zwar sowohl äußerlich als auch innerlich. Ich glaube, dass sie mir zumindest für eine Weile ein Vorbild war. Sie engagierte sich auch politisch, allerdings in eine dogmatische Richtung, die mir nicht so behagte. Aber das spielte für unser Zusammenleben keine Rolle.

In dieser ersten Doppelzimmerphase hatten wir sehr viel Kontakt zu den beiden Mädels im Nachbardoppelzimmer. Wir ließen eigentlich immer, wenn wir zu Hause waren, die Türen offen stehen, so dass potenzieller Besuch jederzeit ein und ausgehen konnte. Wir kochten auch zusammen oder luden uns nachmittags gegenseitig zum Kaffee ein. Eine der beiden, ich glaube sie hieß Gudrun, hatte längere Zeit in Italien gelebt. Sie sprach viel davon und vor allem auch vom guten italienischen Essen. Sie dachte, sie sei die einzige Nicht-Italienerin nördlich der Alpen, die vernünftige Spaghetti zubereiten konnte. Ich ließ sie gerne in diesem Glauben und genoss derweilen ihre Demonstrationen italienischer Kochkunst sehr.

Die andere kam aus Norddeutschland und trug immer so frisch aussehende blau-weiß-karierte Blusen und wirkte total unkompliziert. Sie war eher in meinem Alter und ich mochte sie sehr. Aber wir hatten außerhalb dieser gemeinsamen Wohnsituation wenig miteinander zu tun und haben uns danach aus den Augen verloren.

Mir wurde dann nach Heides Umzug in ein Einzelzimmer eine afrikanische Studentin zugewiesen, die noch sehr gebrochen Deutsch sprach. Ich wunderte mich, dass sie den Sprachtest bestanden hatte. Sie hatte ein kleines Töchterchen, das irgendwo in einer Pflegefamilie lebte und welches sie am Wochenende holen durfte. Ein süßes Geschöpf! Ich nahm sie samt Kind auch mal mit zu meinen Eltern und meine Mutter war vollkommen hin und weg und hätte dieses Kind am liebsten in Pflege genommen. Genau habe ich nie verstanden wie ihre familiären Verhältnisse waren, was sie nach Deutschland verschlagen hatte und wie die ganze Situation war. Sie konnte oder wollte mir da keine Einzelheiten mitteilen und ich respektierte das. Wir kamen ansonsten ganz gut miteinander aus.

Eine Ausnahme war das Kochen. Sie kochte höllisch scharfe afrikanische Gerichte, die ich einfach nicht essen konnte. Sie waren so scharf, dass mir sofort die Tränen kamen, wenn ich nur einen Löffel in die Nähe meines Mundes führte. Es ging beim besten Willen nicht; sie war sehr gekränkt. Meine Erklärungsversuche über unterschiedliche Ernährungsgewohnheiten, Toleranzen und (Un-)Verträglichkeiten von scharfen Gewürzen blieben auf der Strecke. Sie konnte es einfach nicht akzeptieren, dass ich ihre Einladungen zum Essen ausschlug und war richtig sauer.

Irgendwann bekam ich dann ein Einzelzimmer und wir verloren uns aus den Augen. Man könnte denken, dass ich mir sagte: „Ach, endlich ein Einzelzimmer!" Aber so war es ganz und gar nicht. Obwohl ich noch auf der gleichen Etage blieb, fühlte ich mich jetzt doch sehr allein. Die Verhältnisse in allen Doppelzimmern änderten sich allmählich, es gab eine Umschichtung des „Personals" und das Wohnen dort erschien mir einfach nicht mehr so attraktiv wie in der Anfangs- und Aufbruchszeit.

Es war in meiner Einzelzimmersituation nun keineswegs so, dass ich unbedingt dringend raus wollte aus dem Wohnheim, aber ich hatte ein offenes Ohr, wenn ich hörte, dass irgendwo in einer „richtigen" Wohnung Mitbewohner gesucht wurden. Ich stellte mir das Leben in einer WG einfach kommunikativer und inspirierender vor, als so ganz allein zu leben. Oft genug hatte ich Gelegenheit, Leute in wunderschönen Altbauwohnungen zu besuchen und mir anzuschauen, wie das Leben dort funktionierte. Das fand ich schließlich verlockender als das Wohnheim.

Diese Fachhochschule sollte für drei Jahre meine neue Heimat werden und ich denke immer noch mit Freude an diese Zeit zurück. Als ich neulich mal in Frankfurt war, fuhr ich mit der U-Bahn in das Nordwestzentrum, dem einstigen Standort dieser Institution und fand nur noch Kaufhäuser und keine Spur mehr von der Fachhochschule. Das war für mich unfassbar. Einfach weg, auch das Gebäude gab es nicht mehr. Ich erkannte auch sonst nicht mehr viel wieder. Eine sehr merkwürdige, fast verstörende Erfahrung.

MANFRED –
EIN TYP MIT DEM MAN REDEN KANN

Eines dieser hessischen Urgesteine, die ich bald an der Fachhochschule kennenlernte, war Manfred. Ich weiß nicht mehr wann und wie wir in Kontakt kamen, ob über ein Seminar oder über das gemeinsame Mittagessen, aber es wurde schon bald klar, dass Manfred jemand ist, mit dem man sich prima unterhalten kann. Er hat die Gabe zuzuhören und er fragt nach, weil er es ganz genau wissen will wie man etwas gemeint hat. Diese sehr intensive Nachfragerei fand ich anfangs etwas irritierend, denn sie hemmte irgendwie den Rede- bzw. Kommunikationsfluss. Es ging mir zu langsam. Geduld war ja nie meine starke Seite, aber Manfred hatte viel davon.

Andererseits war es bei sehr privaten oder emotionalen Themen eine Gnade, dass jemand so genau zuhörte und versuchte auf den Punkt genau nachzuempfinden, wovon man sprach. Das kannte ich sonst nur von Frauen. Männer, die dieses Kommunikationsverhalten hatten, waren mir bis dahin noch nie begegnet. Manfred wurde also „meine beste Freundin". Wenn er sich mal schlecht fühlte, fand er natürlich auch bei mir immer ein offenes Ohr.

Sehr lebhaft erinnere ich mich an eine Phase, in der wir in den Pausen immer Gobang spielten. Wir spielten es in der Mensa, vor dem Essen, nach dem Essen und waren wie besessen davon. Wenn ich mich recht erinnere gewann ich fast immer und das stachelte Manfreds Ehrgeiz an. Es wurde wie eine Sucht. „Komm, noch ne Runde." „Ja, Moment, gleich fängt die nächste Vorlesung an." „Egal, komm, ich hole uns noch einen Kaffee und wir machen weiter." Das erschien mir ja einerseits komplett daneben, andererseits fand ich es wirklich lustig, dass Manfred so dermaßen vernarrt war, dass er unbedingt gewinnen wollte. Also gut, wir ließen die Vorlesung sausen, die nächste und die übernächste auch und das Schicksal wollte, dass ich immer gewann. Irgendwann ging er völlig zerknirscht zu seiner Fahrgemeinschaft und schwor mir Rache. Bis auf diesen historischen Aussetzer waren wir aber ernsthafte Studis, die sich wirklich reinhängten in den Stoff und wenn es sein musste auch in die Organisation der Lehre.

Auf unserem Stundenplan stand auch Psychologie, aber die Fachhochschule hatte es versäumt, rechtzeitig einen Dozenten einzustellen, oder derjenige, den sie einstellen wollten, war abgesprungen und es dauerte bis ein neuer gefunden wurde. Jedenfalls hatten wir tapferen und wissbegierigen Erstsemester des Wintersemesters 1970 keine Lust solange zu warten, bis ein neuer Dozent auftauchte, sondern wir überlegten uns, was wir machen wollten. Irgendeiner, der sich schlau gemacht hatte, schlug ein Buch vor, dass wir uns alle kauften, dann verteilten wir die Kapitel für die Referate und schon ging es los.

Nach ein paar Wochen tauchte dann der neue noch relativ junge Dozent auf. Er hatte einen Rundhaarschnitt – wie mit dem Topf geschnitten – und rauchte Pfeife (heute unvorstellbar). Wir sagten ihm klipp und klar, dass wir das Semester schon verplant hätten mit diesem Buch und auch die Referate schon verteilt hätten. Wenn er Lust hätte, könnte er uns bei diesem Plan unterstützen und wenn nicht, hätte er dieses Semester einfach frei, denn wir seien fest entschlossen das so durchzuziehen. Der junge Mann staunte nicht schlecht, er ließ uns machen, beobachtete und griff dann ein, wenn es ihm notwendig erschien. Er machte das sehr souverän, nicht bevormundend und immer mit sachlichen Argumenten. Ich glaube, dass wir bei diesem Seminar alle sehr viel lernten; viel mehr, als uns damals bewusst war. Den jungen Pfeifenraucher ließen wir dann im nächsten Semester planen, was er wollte.

Manfred und ich machten weitgehend die gleichen Seminare und manchmal arbeiteten wir auch zusammen an einem Thema. Als dann die Zeit der Abschlussarbeit nahte, beschlossen wir diese gemeinsam zu schreiben. Und ich glaube, es gab keine Zeile in dem gemeinsamen Werk, die wir nicht intensiv diskutiert hätten. Es war sehr anstrengend, aber es machte auch Spaß.

Vor der Abgabe bat ich meinen damaligen Freund, mal einen Blick auf unser Werk zu werfen und dabei Korrektur zu lesen. Er war Student des Bauingenieurwesens und hatte für sozialwissenschaftliche und pädagogische Themen wenig Verständnis. Aus seiner Sicht studierte nur *er* ein wissenschaftliches Fach, aber pädagogische, psychologische und sozialwissenschaftliche Themen seien unwissenschaftlich und beruhten nur auf Spekulation. Er war also nicht wirklich der geeignete Leser. Er gab mir die Arbeit zurück mit den Worten: „Wenn es darauf eine Deutschnote gibt, dann werdet Ihr wahrscheinlich nach Polen ausgewiesen." Vielen Dank auch für diese empathische Unterstützung! Unsere Betreuer und Gutachter sahen das Gott sei Dank anders und gaben uns ein „sehr gut". Es wird nicht weiter verwundern, dass die Wege des Bauingenieurs und meine eigenen sich schon bald darauf trennten.

Mit Manfred verbindet mich bis heute eine verlässliche Freundschaft, wir bringen uns ein paarmal im Jahr per Telefonanruf oder E-Mail auf den neuesten Stand, oder wir besuchen uns auch mal gegenseitig, zu runden Geburtstagen, Hochzeiten und dergleichen mehr und wir haben beide mit dem autobiografischen Schreiben begonnen.

WOHNEN MIT SONJA

Nach meiner ersten, etwas freudlosen WG-Erfahrung, hörte ich mich anderweitig um und erfuhr, dass meine Kommilitonin Sonja eine Mitbewohnerin für eine Zweizimmerwohnung im Ostend suchte. Die Gegend gefiel mir ganz und gar nicht und die Wohnung lag im 4. Stock (ohne Aufzug), aber dafür war sie sensationell preiswert. Sonja kannte ich etwas besser und hoffte, dass mir da besondere Überraschungen erspart blieben, allerdings waren die Verhältnisse auch hier nicht so ganz durchsichtig.

Wie sie mir sagte, hatte sie die Wohnung von einem Freund übernommen, mit dem sie vorher dort gemeinsam gewohnt hatte und der dann ausgezogen sei. Der Mietvertrag lief aber noch auf den Freund und sollte er sich eines Tages überlegen zurückzukommen, konnte er uns alle beide sang- und klanglos der Wohnung verweisen. Na, das klang ja auch recht abenteuerlich. Es schien sie aber nicht zu beunruhigen und so beunruhigte es mich auch nicht. Ich kannte ja mittlerweile schon viele Wohngemeinschaften, in denen ich vielleicht kurzfristig für ein paar Tage untergekommen wäre.

Aber irgendwie war es besonders am Anfang ein eigentümliches Gefühl zu wissen, wir leben hier in einer Wohnung, zu der keine von uns beiden einen Mietvertrag vorweisen kann. Wenn ich meinen Schlüssel in die Tür steckte, kam ich mir immer vor wie eine Einbrecherin. Nach ein paar Wochen hatte ich das aber verdrängt.

Ich packte also meine drei Matratzenteile und meine Obstkisten und zog zu Sonja in den vierten Stock. Unser Zusammenleben gestaltete sich ganz harmonisch. Sonja kochte und buk gerne und sie trank Tee mit Milch und Kandis – sie war Hamburgerin – und machte immer so eine Art Teezeremonie. Ich machte mir eigentlich gar nichts aus Tee, aber durch Sonja gewann die Tea-Time so eine Art besonderes Flair. Auch was das Kochen anging, so traute sie sich viel mehr zu als ich. Ich lernte also eine Menge hinzu. Es gab dann so Phasen, da machten wir ständig Pizza, oder Apfelkuchen und viele andere Dinge mehr und luden ständig Leute ein. Wir hatten auch immer Wein im Hause. Allerdings waren wir gezwungen sehr auf den Preis zu achten und das Zeug, welches wir damals in uns hineingossen, würde mir heute nicht mehr über die Lippen gehen. Häufig ging es mir nach dem Weinkonsum auch sehr schlecht, was dazu führte, dass ich mich weitgehend auf nicht-alkoholische Getränke verlegte.

In dieser Zeit hatten wir häufig Besuch von unserem Kommilitonen Manfred, der als Grundausstattung eigentlich immer eine Flasche Apfelwein mit sich führte. Mit dem Apfelwein stand ich lange auf Kriegsfuß, ich fand ihn einfach ungenießbar. Irgendwann sagte mir jemand, der schmeckt erst ab dem fünften Glas. Ja, aber bis dahin musste ich mich wirklich überwinden. Außerdem war mir der Geruch äußerst unangenehm. Manfred befand sich immer in so einer Apfelwein-Dunstwolke. Das war für mich eine Herausforderung. Ich mochte Manfred wirklich sehr gerne und fand, dass es nur ganz wenige Menschen gab, mit denen man sich so gut unterhalten könnte, aber der Apfelwein trübte diese Freude doch erheblich. Insgesamt verstanden wir uns aber recht gut. Er kam auch, um mir sein Herz auszuschütten, wenn er Kummer hatte. Ich hatte damals eigentlich nie so einen tiefgreifenden Kummer. Es häuften sich eher die Irritationen, die ich beim Kennenlernen so vieler Menschen in relativ kurzer Zeit immer wieder spürte.

In die Zeit des Zusammenwohnens mit Sonja fielen auch mindestens zwei gemeinsame Reisen nach Frankreich. Auf einer Reise schloss sich noch eine Kommilitonin an, die ich so gut wie gar nicht kannte. Sie hieß Ute. Ich war von ihrer Teilnahme nicht begeistert, da wir ja geplant hatten weite Strecken zu trampen und das war ja zu dritt deutlich ungünstiger als zu zweit. Aber irgendwie kriegten wir das hin. Wir fuhren nach Nantes. Der Himmel weiß warum. Wir übernachteten in Hotels und Pensionen der billigsten Kategorie oder aber in Jugendherbergen. Unsere Ernährung bestand vorwiegend aus Baguette, Camembert, Wasser und billigem Rotwein.

In Nantes erwachte ich in der Jugendherberge mit Wanzenstichen am ganzen Körper und vor allen Dingen auch im Gesicht. Es sah nicht nur furchtbar aus, sondern es tat auch höllisch weh. Ich dachte, dass ich wahnsinnig werde, wenn ich noch länger in dieser Jugendherberge bleiben müsste. Zum Glück lernten wir in der Jugendherberge André und seinen Bruder kennen. Die beiden waren aus Nantes und hatten nur in der Jugendherberge übernachtet, weil ihre eigene Wohnung renoviert worden war. Sie boten uns an, dass wir mit ihnen in ihre Wohnung kommen und dort bleiben könnten, so lange wir wollten. Sie fuhren los, um die Wohnung etwas herzurichten und holten uns am Nachmittag ab.

Wir waren begeistert und blieben noch einige Zeit – wie lange genau, kann ich nicht mehr sagen. Es war wie ein Sechser im Lotto. Wir hatten eine kostenlose Unterkunft und die beiden Knaben kutschierten uns durch die Gegend und zeigten uns die Sehenswürdigkeiten. So allmählich schwollen meine Wanzenstiche wieder ab und ich nahm wieder ein menschliches Aussehen an. André studierte Deutsch und sprach es ganz passabel. Er hatte einen guten Humor und wir lachten viel. Wir unterhielten noch viele Jahre lang einen zweisprachigen Briefkontakt. Wie die Rückreise sich gestaltete liegt im Dunkeln, aber anscheinend kamen wir irgendwann wieder wohlbehalten zu Hause an.

Unsere zweite gemeinsame Reise von Sonja und mir ging ebenfalls nach Frankreich, in die Gegend nördlich von Lyon, da wo der Côte du Rhône angebaut wird. Und genau dort fuhren wir hin zur Weinernte. Manfred (und eventuell auch Helmut) brachten uns mit einem kleinen Autochen dort hin. Sie wurden als unsere Begleiter auch zu unserem ersten Abendessen eingeladen und natürlich bekamen sie auch den hauseigenen Wein eingeschenkt. Der Hausherr fragte Manfred wie der Wein sei und Manfred sagte trocken: „Na, mit etwas Salat und Öl ist er bestimmt ganz gut!" Wir lachten und ich sollte das nun übersetzen, wobei ich mir das Prusten kaum verkneifen konnte. Ich sagte dann einfach, dass er kein Spezialist sei und den Wein nicht beurteilen könne.

Am nächsten Tag ging es dann für Sonja und mich ans Eingemachte. Der Einstieg in diese sehr harte körperliche Arbeit war wirklich anstrengend. Nie im Leben davor und danach habe ich für so wenig Geld so hart und bis zur Erschöpfung gearbeitet. Wir waren auf dem Weingut untergebracht in einer sehr primitiven jugendherbergsähnlichen Unterkunft und wir wurden auch verpflegt. Sehr früh am Morgen mussten wir raus. Mittags, wenn wir zurückkamen zum Mittagessen, war ich oft so erschöpft, dass ich mich lieber hinlegte als zu essen (und das will bei mir wirklich was heißen). Sonja weckte mich und drückte mir noch ein Stück Brot in die Hand und dann ging es wieder in den Weinberg. Abends schlief ich beim Abendessen schier ein.

Nach einigen Tagen waren wir an die Strapazen gewöhnt und lernten die anderen Erntehelfer besser kennen. Es war da eine Gruppe englischer Studenten, die genau wie wir einen preiswerten Aufenthalt und französische Sprachkenntnisse angepeilt hatten. Außerdem gab es noch französische Studenten, die sich ein Taschengeld verdienen wollten. Wir verstanden uns alle recht gut und die Engländer machten auch im Weinberg den ein oder anderen Blödsinn, bewarfen sich mit Trauben oder gaben sich die Hand mit Trauben, die dann beim Händeschütteln zerdrückt wurden.

Wir hielten tapfer durch und als wir uns auf dem Rückweg vor einem Obst- und Gemüseladen befanden und die Preise der Trauben sahen, mit denen wir uns noch bis vor kurzem beworfen hatten, mussten wir schmunzeln. Ich glaube wir trampten eine große Strecke, da ansonsten die Bahnfahrt unser hart verdientes Geld sicher sofort verschlungen hätte. An die Rückreise habe ich keine Erinnerungen mehr.

28

Manfred war inzwischen immer häufiger bei uns zu Gast und er war es irgendwie leid immer mit seiner Truppe aus Wiesbaden nach Frankfurt zu pendeln. Er überlegte, ob er zumindest für die Zeit des restlichen Studiums nicht auch nach Frankfurt ziehen sollte. Sonja und ich hatten jeweils langjährige Partner, mit denen wir eigentlich auch ein Zusammenleben anstrebten. Manfred sollte aber aus unserer Sicht unbedingt mit von der Partie sein. Also begannen wir unsere Partner entsprechend zu bearbeiten und machten uns auf Wohnungssuche für fünf Personen. Es sollte schön und bezahlbar sein. Das war auch damals schon in Frankfurt eine Herausforderung, es sei denn, man war bereit an die Peripherie zu ziehen und das machten wir tatsächlich.

WÄSCHE WASCHEN MIT MANFRED

Wir fanden einen Vermieter, der kein Problem mit Wohngemeinschaften hatte und der sich diese tolerante Haltung gut
bezahlen ließ. Er besaß zwei Reihenhäuser, die beide an WGs
vermietet waren. Wir waren zu fünft und in der Nachbar-WG
lebten vier oder fünf junge Männer. Im Sommer standen eigentlich Tag und Nacht die Haustüren offen und man konnte sich
problemlos gegenseitig besuchen. Manchmal saß auch irgendjemand aus der Nachbarschaft in der Küche, wenn man nach
Hause kam.

Wir machten einen Plan fürs Kochen, Putzen und Wäsche
waschen. Sonja und ich kochten aber öfter, da es uns nicht
so viel ausmachte. Wenn Manfred kochte, musste man schon
Stunden vorher die Frage beantworten wie viele Kartoffeln
man denn essen wollte. Sehr befremdet sagte ich ihm, dass ich
das doch noch nicht wisse, warum er das denn überhaupt so
genau wissen wolle. Es stellte sich heraus, dass seine Mutter
immer vorher gefragt hatte und dass die Familienmitglieder
sich festlegen mussten und dann auch genau das zu verputzen
hatten, was sie bestellt hatten. Ich war fassungslos. Es macht
doch nichts, wenn Kartoffeln übrig bleiben, man kann doch
daraus am Abend oder am nächsten Tag noch Bratkartoffeln
machen. Diese Sichtweise war Manfred neu.

Ich begriff zum ersten Mal, was für ein Vorteil es war, eine
Mutter gehabt zu haben, die das Kochen liebte und bei der immer
Überfluss herrschte. Der Nachteil war, dass man immer mehr aß
als man wollte. Aber das Essen war gut und man aß entspannt,
auch weil man spürte, dass für sie das Kochen keine besondere
Herausforderung, sondern eine Freude war. Sie ging auch gerne
auf Sonderwünsche ein, wenn einem einmal dieses oder jenes
nicht so schmeckte, aber das war bei uns sehr selten der Fall.

Doch zurück zu unserer WG. Wir kochten also mehr oder
weniger abwechselnd, im Sommer hockten wir nach dem

Essen noch lange draußen vor dem Haus und plauschten auch mit unseren Nachbarn der umliegenden WGs.

Neben den Kochdiensten richteten wir auch einen wechselnden Waschdienst ein. Wir besaßen keine Waschmaschine! Das kann man sich heute gar nicht mehr vorstellen. Einer von uns hatte erfahren, dass man in manchen Studentenheimen im Keller kostenlos waschen konnte. Man musste nur jemanden haben, der einem den Zugang verschaffte, und es empfahl sich möglichst spät abends hinzugehen, weil man da am wenigsten störte und auch nicht auffiel.

Ich erinnere mich noch gerne an das Wäsche waschen mit Manfred. Wir füllten die schmutzige Wäsche von fünf Personen in große Beutel und beluden unser kleines Auto damit. Dann fuhren wir quer durch die Stadt in eines der Wohnheime. Wir klingelten wie verabredet bei unserem Kontaktmann, der uns dann in den Keller führte, die Waschküche aufschloss und das gesamte Prozedere erklärte. Wir kamen spät abends, hatten Essen und Trinken und Lektüre im Gepäck und nutzten dann stundenlang alle verfügbaren Waschmaschinen und Trockner.

Meistens waren wir ins Gespräch vertieft, lachten über irgendwelche Geschichten, verhandelten den Stand der WG, die Kontakte zu den umliegenden WGs, akute Beziehungsprobleme und dergleichen mehr. Irgendwie war es uns wohl auch ein wenig unheimlich da so mitten in der Nacht auf fremdem Territorium und wir hatten auch immer Bedenken, dass wir doch mal erwischt würden. Das gab der Situation nochmal ein ganz besonderes Flair. Wenn die Daheimgebliebenen hinterher unser aufopferungsvolles Tun nicht würdigten, oder es sogar für selbstverständlich ansahen, waren wir ziemlich stinkig.

So hatte ich eines Tages, nachdem länger keine Waschaktivitäten stattgefunden hatten, eine Auseinandersetzung mit meinem Freund Reinhard. Er kam in mein Zimmer und sagte in einem sehr provozierenden, klagenden und ausgesprochen vorwurfsvollen Ton, dass er keine sauberen Unterhosen mehr habe. Das machte mich wirklich wütend, weil er nie oder höchst selten an gemeinsamen Waschaktionen teilgenommen hatte. Ich antwortete ihm: „Es gibt aus meiner Sicht zwei Möglichkeiten, du wäscht die Unterhose, die du anhast oder du kaufst dir eine neue. Oder siehst du da noch andere Alternativen?" Er wurde stinksauer und meinte, dass diese Mischung aus Dummheit und Arroganz ihn schon immer an mir gestört hätte. Ja, so ging es eine Weile weiter mit den Komplimenten und das Ende der Beziehung ließ dann auch nicht mehr lange auf sich warten.

MIKE – AUF DER FLUCHT

Mit Macht verliebte ich mich in Mike, der in einer anderen Wohngemeinschaft in unserem Viertel – schräg gegenüber – wohnte. Er war immer zu einem Scherz aufgelegt, war sehr eloquent und hatte im Leben auch schon vieles versucht. Seine Beziehungen zu Frauen waren alle gescheitert und ich dachte, dass es dann ja mal Zeit würde, dass wir uns besser kennen lernten. Er hatte auch schon in Frankreich gelebt und sprach ganz ausgezeichnet Französisch. Sein Französischstudium hatte er aber – wohl wegen Prüfungsangst – irgendwann abgebrochen, was in meinen Augen wirklich ein Jammer war, denn er war sprachlich wirklich sehr begabt.

Außer mir gab es noch eine weitere Anwärterin, die ein Auge auf ihn geworfen hatte. Er konnte oder wollte sich da nicht entscheiden, sondern zog es vor wieder nach Frankreich abzuhauen. Er wohnte dort bei einem Freund und konnte in der Nähe, in einer großen Fabrik arbeiten. Immerhin hinterließ er mir seine dortige Adresse.

Ich weiß wirklich nicht von welchem Wahn ich gepackt wurde, aber eines Tages, als es mir zu bunt wurde, lieh ich mir die altersschwache Ente (einen 2CV) bei meinem Ex-Freund aus und fuhr damit ganz allein nach Südfrankreich, in einen kleinen Ort in der Nähe von Marseille, und zwar in einem Rutsch. Es war Anfang der 70er Jahre zu einer Zeit ohne Handy, ohne Internet, ohne E-Mail, ohne Navigationssystem, kurz ohne alles über das wir heute ohne größer nachzudenken einfach verfügen. Man schaute sich die Landkarte an, notierte die Städte, durch die man musste und die Nummern der Landstraßen bzw. Autobahnen. Dann klebte man sich diesen Zettel ans Steuer oder legte ihn auf den Beifahrersitz, um ihn ab und zu konsultieren zu können. Das war es schon. Er staunte nicht schlecht, als ich dort auf der Matte stand, war aber nur mäßig erfreut. Ich wollte einfach wissen woran ich mit ihm war.

Es war alles etwas langstielig bis wir zusammen reden konnten. Ich musste erstmal eine Weile Small Talk mit der Familie machen, bei der er wohnte und die kleinen Kinder bespielen. Dann aß man zusammen zu Abend und erst danach verabschiedeten wir uns für einen längeren Spaziergang. Verglichen mit dem Adrenalinstoß, den mir die Fahrt beschert hatte, war das jetzt wirklich sehr ernüchternd. Wir stocherten im Nebel, was will ich, was willst Du? Wie sind die Perspektiven? Wie lange willst du noch hier bleiben? Willst du überhaupt zurückkommen? Es gab keine Antworten, es war alles vage und für mich reichlich ernüchternd.

Leute mit fehlender Entschlusskraft waren eigentlich so gar nicht mein Ding. Eigentlich hätte ich noch am gleichen Abend das Autochen packen und wieder nach Hause fahren können. Zum Glück tat ich es nicht, denn am nächsten Tag hatte ich eine Panne bei einer kleinen Tour durch die Gegend und mir wurde ganz schlecht bei dem Gedanken, dass das auch in der Nacht hätte passieren können.

Das Auto wurde repariert und ich blieb noch ein paar Tage dort, denn ich hatte ja nicht 1000 Kilometer hinter mich gebracht, um sofort wieder zurück zu fahren. Außerdem hoffte ich darauf, dass Mike vielleicht nach ein paar Tagen etwas lockerer würde. Leider habe ich keine sehr präzisen Erinnerungen an den Verlauf dieser Tage. Ich weiß nur noch, dass Manfred zur Unzeit auftauchte und dass das die Situation nicht einfacher machte. Aber es ist mir alles wie im Nebel. Ich erinnere mich nur an das Ergebnis meiner Bemühungen um Mike. Am Ende vereinbarten wir, dass er zurückkommen würde. Na also, geht doch, sagte ich mir. Unsere jeweiligen Wohngemeinschaften waren ohnehin in Auflösung begriffen und so beschlossen wir, dass ich mich nach einer Wohnung umschauen sollte, in die wir dann gemeinsam einziehen sollten. Hochzufrieden mit diesem Ergebnis fuhr ich wieder nach Hause.

SKI FAHREN – DREI KURZE EPISODEN

MIT MIKE AUF DER TAUPLITZ-ALM

Kannst Du eigentlich Ski fahren?", so fragte mich mein damaliger Freund und Lebensgefährte Mike. „Ja, sogar ziemlich gut!", antwortete ich selbstbewusst. In seinen Augen sah ich großes Erstaunen und eine gewisse Portion Skepsis. Ich fragte ihn, warum er das wissen möchte. Seine Eltern hätten ein Haus in Österreich unterhalb der Tauplitz-Alm und wenn wir Lust hätten, könnten wir sie über Weihnachten besuchen und dort auch Ski fahren. Ski fahren! Wunderbar! Ich fuhr und fahre leidenschaftlich gerne Ski seitdem ich etwa vier Jahre alt bin.

Mit meinem bis dahin studentischen Budget war natürlich an Skiurlaub so gut wie nicht zu denken gewesen. Diese Gelegenheit kam also wie gerufen. Allerdings musste man Weihnachten mit Mikes Eltern verbringen. Das war nicht so schrecklich attraktiv. Vor allem den Vater fand ich schwierig und machte ihn insgeheim für Mikes Depressionen und sonstige Schwierigkeiten, sich in der Welt zurechtzufinden, verantwortlich. Die Mutter war sehr nett, mit der würde ich sicher ganz gut klar kommen und die Aussicht, Ski fahren zu können, hätte mir auch eine weit schrecklichere Familienperspektive versüßt. Seine Schwester mit Familie würde auch anreisen, aber in einem anderen Haus wohnen. Gut, das klang doch alles ganz in Ordnung.

Ich weiß nicht mehr wie wir dorthin kamen, aber den Aufenthalt habe ich gut in Erinnerung. Es stellte sich heraus, dass Mike keineswegs so versessen darauf war wie ich, endlich auf die Skipiste zu stürmen. Er blieb zu Hause und schaufelte Schnee, wofür seine Eltern dankbar waren, oder er quatschte mit seiner Mutter, oder half ihr in der Küche. Manchmal wollte er auch einfach nur lesen oder ausruhen. Ich war definitiv nicht dorthin gefahren, um zu lesen. Also machte ich mich allein auf zur Piste.

Der Zufall wollte, dass Mikes Schwager, der unter anderem auch Skilehrer war, mir anbot, mich mitzunehmen und mir die ganze Skigegend zu zeigen. Ich war begeistert und zog mit ihm los. Wir verbrachten den ganzen Vormittag miteinander auf der Piste und er beobachtete zunächst meine Fahrweise und machte mir dann Verbesserungsvorschläge. Natürlich war ich sehr bemüht, diese so gut wie möglich umzusetzen. Er zeigte mir wie man plötzlich abbremsen kann, wie man am besten mit sehr eng geführten Beinen schwingt (was heute ja total out ist) und worauf ich bei der Körperhaltung, der Gewichtsverlagerung und beim Umgang mit den Stöcken achten sollte. Er war überrascht wie schnell ich seinen Hinweisen folgen konnte und lobte mich sehr. Von diesem privaten Skikurs habe ich den Rest meines Lebens gezehrt. Wir fuhren zum Mittagessen zurück und ich war einfach nur „high".

Nach der Mittagspause fragte ich Mike, ob er denn am Nachmittag nicht mitkommen wolle. Wir könnten ja auf den Hügel gegenüber des Hauses gehen, so dass er sich dort erstmal warm fahren könne. Sehr zögerlich und etwas mürrisch nahm er meinen Vorschlag an. Wir fuhren getrennt mit einem Ankerlift hoch. Oben wartete ich und wollte ihm begeistert zeigen, was ich am Vormittag gelernt hatte. Er meinte, dass ich einfach vorfahren solle und dass wir uns ja unten am Lift wieder treffen könnten. Also stürzte ich mich förmlich den Hang hinunter und es gelang mir sehr gut alles zu beherzigen, was ich am Vormittag gelernt hatte. Ich war richtig froh, um nicht zu sagen glücklich, und fuhr zum vereinbarten Treffpunkt. Hier wartete ich und suchte mit den Augen die Piste ab.

Es war weit und breit kein Mike zu sehen. Wie konnte das sein? Er konnte doch nicht so weit hinter mir sein. Selbst wenn er eine ganze Weile gewartet hätte, um mir nachzusehen, hätte er jetzt doch langsam zumindest in der Mitte der Abfahrt auftauchen müssen. Es war ja nur so ein Idiotenhügel und der war nicht furchtbar lang. Aber der Mann war wie vom Erdboden verschluckt. Ich stand ziemlich lange grübelnd da, wurde auch schon etwas kalt und fragte mich, ob ich nochmal hochfahren solle, um nachzuschauen. Unentschlossen wartete ich weiter ab.

Schließlich, als ich die Hoffnung schon fast aufgegeben hatte, erschien Mike. Er stapfte mit den dicken Skistiefeln schwerfällig durch den Schnee und trug seine Ski. Seine Miene verhieß nichts Gutes, er war offenbar stinksauer. Er hatte seine Geschwindigkeit wohl nicht kontrollieren können, war von der Piste abgekommen und kopfüber in den Tiefschnee gefallen. Es hatte die ganze Zeit gebraucht, bis er sich da wieder herausgearbeitet hatte. Er empfand diesen Vorfall als tiefe Schmach, zumal er gesehen hatte, wie gekonnt ich den Hang hinunter gewedelt war.

Er hatte nun keine Lust mehr auf eine weitere Fahrt und ging verärgert nach Hause. Ich blieb noch etwas. Ich wollte das wunderschöne Wetter ausnutzen, aber so richtig Spaß machte es mir nun auch nicht mehr. Deshalb folgte ich ihm bald nach Hause. Er war in einer schrecklichen Stimmung und hatte Lust auf gar nichts mehr. Die Luft war zum Schneiden. Ich ging mal gucken, ob ich seiner Mutter in der Küche helfen könnte oder ob es sonst etwas zu tun gäbe. Schließlich setzte ich mich irgendwo hin und las Zeitung. Auch beim Abendessen war die Stimmung immer noch gedämpft.

So ein Theater, nur weil er mal in den Schnee gefallen war! Das passiert halt beim Ski fahren mal. Ja, auch mir passierte das. Das konnte doch keine Katastrophe sein! Ich war wirklich genervt und konnte das nicht verstehen. Aber er war ganz offenbar tief getroffen. Als wir später allein in unserem Zimmer waren, erfuhr ich, dass er im Vorfeld gefürchtet hatte, sich mit mir auf der Piste zu blamieren. Das hatte schon an ihm genagt, seitdem er mich gefragt hatte, ob ich Ski fahren kann. Denn seine Befürchtungen waren: „Es ist ja irgendwie Scheiße, wenn Du mit einer Freundin auf der Piste bist, die irgendwie ungelenkig ist und sich doof anstellt." Aber noch fürchterlicher war es anscheinend, wenn die Freundin weitaus besser fuhr als man selbst.

Zufällig traf ich auf der Straße oder in der Mensa einen alten Freund von Mike namens Sven. Wir kannten uns, weil ich seiner Frau die Diplomarbeit getippt hatte – ein enorm stressiges Unterfangen. Danach war der Kontakt abgebröckelt. Wir hatten uns lange nicht gesehen und quatschten eine Weile. Schließlich erzählte er mir, dass er mit drei anderen Leuten ein Appartement in der französischen Schweiz angemietet hätte und dass sie noch auf der Suche nach einer fünften Person wären, die mitkäme zum Skifahren, damit man die Kosten durch fünf teilen könne. Es wäre dann gar nicht so teuer. Im Übrigen planten sie sowieso Selbstverpflegung, man würde abends gemeinsam kochen und sich Brote mit auf die Piste nehmen. Das klang machbar.

Was für ein wunderbarer Zufall, dass ich ihm begegnet war und daraus jetzt ein gemeinsamer Skiurlaub entstand. Ich konnte es gar nicht glauben und freute mich riesig. Ich glaube, wir fuhren mit zwei Autos, denn das Örtchen war reichlich abgelegen. Ich erinnere mich nicht mehr an die anderen Leute dieser kleinen Gruppe, nur an Sven, der mich eingeladen hatte und an Andreas, der sehr gut Ski fuhr.

Tagsüber war man gemeinsam auf den Pisten unterwegs, in einem riesigen Skigebiet, wie ich es damals zum ersten Mal erleben durfte. Ich hielt mich immer an irgendwen, da ich Angst hatte, mich hier zu verfahren. Meine Orientierung in unbekannter Natur ist nicht besonders gut. Ich weiß nicht wie die Berge heißen und der Stand der Sonne hilft mir auch nicht wirklich weiter. Also fuhr ich öfter mit Andreas, denn wir hatten etwa das gleiche Niveau und waren die etwas „Wilderen" der Gruppe. Aber Sven reklamierte auch öfter, dass ich ihn mitnehme und ihm etwas beibringe, denn er kämpfte sehr mit den steilen Hängen und fuhr fast beständig im Schneepflug. Wenn er den Hang einmal schaffte, waren Andreas und ich an der gleichen Abfahrt etwa dreimal unterwegs. Sven war auch ziemlich immun gegen meine Verbesserungsvorschläge. Was er betrieb, war in meinen Augen Kamikaze, aber augenscheinlich machte es ihm trotz allem großen Spaß.

Gegen 16 Uhr musste man sehen, dass man wieder unten war, um dort dann die letzte Gondel wieder nach oben zu nehmen und in ein anderes Tal abzufahren. Als ich Sven sagte, dass ich jetzt nochmal den Steilhang nähme und dann wieder mit der Gondel hochkäme, bat er mich, dass ich ihn doch mitnehmen solle. Ich hatte Bedenken, dass der Hang zu steil für ihn und es bei seiner Fahrweise eher eine Qual werden könne, aber er beschwichtigte mich. Er werde das schon schaffen. Ich gab nach. Eine fatale Entscheidung!

Wir kamen – wie von mir befürchtet – überhaupt nicht von der Stelle, denn Sven traute sich nicht meinen Anweisungen zu folgen und fuhr ganz breitbeinig von einem Ende der Pistenbreite zum anderen. Er fuhr sehr langsam und allmählich wurde es dunkel. Ich schaute auf die Uhr und mir wurde klar, dass wir die letzte Gondel keinesfalls erreichen würden. Ich wies ihn darauf hin und er bemühte sich sehr, aber er war einfach noch nicht zu so einer Abfahrt in der Lage.

Schließlich schlug ich ihm vor, die Skier abzuschnallen und den Rest des Hangs zu Fuß zurückzulegen, was er dann auch tat. Ich rutschte seitlich so neben ihm her. Es war sehr stressig, zum einen, weil wir ganz sicher die Gondel verpassten, zum anderen, weil es dunkelte und wir kaum noch sahen, wohin wir traten. Es war einfach furchtbar, aber hier half kein Jammern, wir mussten ja irgendwie da durch.

Wir gelangten zehn Minuten nach Schließung der Gondel an der Talstation an. Wir konnten endlich aus den Skiern steigen und die Schnallen der Schuhe öffnen – das war immerhin eine kleine Erleichterung. Aber dann hieß es: Sich erstmal Orientierung zu verschaffen. Wo waren wir überhaupt? Wie kamen wir jetzt in unser Dorf? Es stellte sich heraus, dass wir etwa 50 Kilometer von unserer Unterkunft entfernt waren und dass es um den öffentlichen Nahverkehr ganz schlecht bestellt war.

Also fasste ich mir ein Herz, ging zu einem Bus, der eine Schülergruppe transportierte, und fragte den Busfahrer, ob er uns mitnehmen könne, zumindest ein Stück. Ich erklärte ihm unsere Situation. Ohne meine Französischkenntnisse stünden wir wahrscheinlich heute noch dort – als Eisstatuen. Man musste die Leute richtig bequatschen. Der Mann hatte schließlich ein Einsehen, nahm uns etwa 20 Kilometer weit mit und ließ uns in der Nähe einer kleinen Bahnstation heraus. Wie wir den Aushängen dort entnehmen konnten, kam an diesem Tag kein Zug mehr und ein Bus war auch nicht in Sicht. So ein Mist! Es blieb uns nichts anderes übrig, als uns an die Straße zu stellen und zu trampen. Ich war sehr skeptisch, ob jemand Platz hätte für zwei Skifahrer in voller Montur plus Ausrüstung, aber wir hatten ja keine andere Wahl.

Sven blieb recht cool, lächelte und meinte, das sei doch ein richtiges Abenteuer. Na ja, mir wäre ein Abendessen jetzt lieber gewesen. Tatsächlich erbarmte sich irgendwann jemand und nahm uns mit bis zum Fuße des Berges, auf den wir mussten. Aber immerhin, wir konnten uns im Auto wieder aufwärmen und Hoffnung schöpfen. Überredungsversuche, uns doch noch den Berg hochzubringen, scheiterten aber kläglich. Also stiegen wir irgendwann notgedrungen aus und standen wieder auf der Straße.

Jetzt war es schon recht dunkel und der allgemeine Rückkehrbetrieb von den Pisten hatte nachgelassen. Es fuhr kaum noch ein Auto und es erschien mir sinnlos, sich hier an die Straße zu stellen, um jemanden anzuhalten. Also gingen wir – auf meinen Vorschlag hin – mit dem Mut der Verzweiflung in die nächstbeste Kneipe. Sie war voll besetzt und es war sehr laut. Unser Erscheinen erregte Aufsehen und es wurde etwas stiller. Ich stellte mich mitten ins Lokal und sagte auf Französisch meinen Spruch auf, dass wir von der Piste nicht mehr nach Hause gefunden hätten und jetzt noch den Berg hoch müssten und ob es jemanden gäbe, der uns die letzten fünf Kilometer bringen könnte. Wir würden auch dafür bezahlen. Der Lautpegel schwoll wieder an. Wir warteten geduldig ab und sahen wahrscheinlich recht erbärmlich aus. Schließlich ließ sich jemand herab und fuhr uns – allerdings mürrisch und abweisend – gegen ein gutes Trinkgeld nach Hause.

Geschafft! Der Rest der Gruppe hatte schon bei der Polizei und bei diversen Krankenhäusern der Region angerufen und war sehr aufgeregt, ja fast empört, dass wir uns nicht gemeldet hatten. Aber wie sollten wir denn? Es gab zu dieser Zeit noch keine Handys und wir hatten ja auch die Telefonnummer des Appartements nicht mitgeführt und außer dem Skipass nur sehr wenig Bargeld dabei gehabt. Nach unserem Abenteuerbericht gab es dann endlich etwas zu essen.

Salecina ist ein kleines Dorf in den Schweizer Alpen in der Nähe von Maloja. Von dort ist es auch nicht weit zum traumhaften Skigebiet bei Sankt Moritz. Ein paar Frankfurter Alt-Linke besaßen dort ein Anwesen, das sie zu einer Art Jugendherberge für finanziell schwächer gestellte Leute ausgebaut hatten. Es funktionierte auf der Grundlage der Selbstorganisation. Das bedeutete, dass jeder Gast jeden Tag eine andere Aufgabe übernehmen musste: Mithilfe in der Küche, Gemüse schnippeln, Tische decken, Tische abräumen, Geschirr spülen und einräumen, den Boden, den Eingangsbereich und die Toiletten putzen. Es gab keine individuellen Schlafzimmer, sondern große Matratzenlager auf Holzpodesten in verschiedenen Räumen, wo etwa immer zehn Matratzen nebeneinander lagen.

Durch diese primitive Ausstattung und die Mithilfe sämtlicher Gäste konnten die Preise recht niedrig gehalten werden, gerade wenn man sie mit den üblichen Preisen in dieser Gegend verglich. So war es auch für Studenten erschwinglich. Wenn es über Nacht geschneit hatte, war auch Mithilfe beim morgendlichen Schneeschaufeln willkommen. Der Weg zum Parkplatz musste freigelegt werden.

Ich erinnere mich absolut nicht mehr, wie es dazu kam, dass ich dort landete. Ich wurde von irgendjemand angesprochen, der mal wieder einen fünften Mann im Auto suchte, um die Fahrtkosten für einen Skiurlaub zu drosseln. Er erläuterte mir die näheren Umstände und ich sagte, wenn der fünfte Mann auch eine Frau sein könnte, würde ich gerne mitkommen. Ja, und ich wurde als fünfter Mann akzeptiert. Wieder ging es an einen sehr abgelegenen Ort. Wir mussten unser Auto auf einem Parkplatz stehen lassen, der noch etwa einen Kilometer entfernt von dem Wohngebäude war, aber gefühlt war die Distanz im hohen Schnee und mit Gepäck weit größer. Wir bekamen unser Matratzenlager zugewiesen und die Spielregeln des

Hauses erklärt und freuten uns auf den nächsten Tag. Einige kannten die Gegend schon und schwärmten von den wunderbaren Pisten und ich schlief voller Vorfreude ein. Das Matratzenlager und die näheren Umstände störten mich wenig. Durch all dies wurde mir ja der Aufenthalt erst ermöglicht.

Am nächsten Tag fuhren wir nach Sankt Moritz und ich lernte bei phantastischem Wetter diese herrlichen Pisten kennen und war begeistert. Meine Mitfahrer fuhren sehr gut, vielleicht sogar besser als ich, aber ich konnte ohne weiteres mithalten und mir war sehr daran gelegen, sie nicht aus den Augen zu verlieren. Mein Bedarf an Abenteuern auf dem Nachhauseweg war ja schon gedeckt. Also blieb ich dran und das klappte auch sehr gut. Wir genossen das Fahren, verzichteten weitgehend auf eine Mittagspause und powerten uns so richtig aus. Wenn wir auf unserem heimischen Parkplatz ankamen, waren wir fix und fertig und niemand hatte Lust, seine schweren Schuhe bis in die Unterkunft zu schleppen. Wir ließen die komplette Ausrüstung immer im Auto.

Jeden Morgen verfluchten wir unsere Faulheit vom Vorabend, denn unsere Skischuhe waren tiefgekühlt. Nun gab es ein langes Jammern und Fluchen als wir in unsere Schuhe steigen mussten, die eng und eisig waren. Es dauerte eine ganze Weile, bis man seine Füße wieder spürte. Wir sprangen herum und stöhnten, bis der Fahrer das Auto vom Schnee befreit hatte und wir einsteigen konnten. Auf dem Weg zur Piste schworen wir, dass wir an diesem Abend garantiert die Skischuhe mit ins Haus nähmen, weil wir so etwas nie mehr erleben wollten. Aber wenn wir dann vollkommen erschöpft abends auf dem Parkplatz ausstiegen, vergaßen wir unsere Schwüre vom Morgen und ließen die Schuhe wieder zurück.

Am nächsten Morgen gab es das gleiche Drama, die gleichen Schwüre und am Abend die gleiche Faulheit und Gleichgültigkeit. So hielten wir es die ganze Woche.

Heute könnte ich eine solche Unterkunft nicht mehr auswählen, ich brauche mein eigenes Bett und noch dringender, meine eigene Toilette. Die Schuhe müssen – genau wie ich – in einem warmen Raum übernachten. Bei allem anderen kann ich jedoch gerne Konzessionen machen.

Trotz meines methusalemischen Alters fahre ich immer noch sehr gerne Ski, am liebsten mit meinem alten Freund Matthias. Wir machen „betreutes Skifahren", so nenne ich das, weil er sich komplett auf mich und meine nachlassende sportliche Form einstellt, sanfte Hänge auswählt und mich sicher zurückbringt. Heutzutage fahre ich meist nur bei gutem Wetter und spätestens nach zwei Stunden mache ich eine Pause, oder ziehe mich schon hochzufrieden von der Piste zurück. Dann legt Matthias erst richtig los. In diesem Winter legen wir leider gar nicht los. Corona lässt grüßen.

MAGISTER ARTIUM – HÄ? WAS IS'N DAS?

Mitte der 70er hatte ich mich zum Romanistikstudium mit dem Abschluss Magister Artium eingeschrieben. Das ist ein Abschluss, den es heute wahrscheinlich nicht mehr gibt und unter dem ich mir damals auch gar nichts vorstellen konnte und die meisten Leute, die ich damals kannte, auch nicht. Es war die einzige Möglichkeit Romanistik zu studieren, ohne ein Lehrerstudium mit Staatsexamen anzustreben. Lehrerin wollte ich auf gar keinen Fall werden. Alles andere war mir mehr oder weniger egal. Für den Magister gab es ansonsten kein klar definiertes Berufsbild und das war mir gerade recht. Man konnte damit alles Mögliche machen, es hing wohl davon ab, wie man sich nach dem Studium verkaufte. Nun das schien noch lange hin und bis dahin wollte ich mir darüber auf keinen Fall den Kopf zerbrechen. Ich würde mich schon irgendwie in jedem Beruf durchschlagen.

Berufliche Ziele standen aber bei mir sowieso nicht im Vordergrund. Ich hatte ja schon zwei Berufsausbildungen und etliche Jahre Berufserfahrung. Wenn alle Stricke reißen, so dachte ich, könnte ich ja auch in einen meiner vorherigen Berufe zurückgehen. Nicht, dass das mein Traum gewesen wäre, aber verhungern würde ich nicht. Mit dieser Idee konnte ich jedenfalls zeitweise aufkommende Existenzängste immer wieder mal beiseiteschieben.

Ich studierte jetzt in erster Linie aus Spaß an der Freude ohne zu wissen, wo das wohl hinführen könnte und wozu es gut sein sollte. Ich war einfach froh, meine bis dahin ausgeübten Berufe hinter mir gelassen zu haben und endlich mein Traumfach Französisch studieren zu können. Es sollte mir Spaß machen, das war mein Hauptwunsch. Alles Weitere würde sich ergeben, so hoffte ich. Alles Neue saugte ich begierig auf, ohne mir über berufliche Perspektiven Gedanken zu machen. Irgendwas würde sich schon ergeben, so hoffte ich. Das ist nun so leicht dahingesagt, aber wenn man es den Eltern, den Geschwistern oder den Freundinnen und Freunden erklären soll, so wird es schon schwieriger. Tja, und allem Kopfschütteln und auch eigenen Zweifeln zum Trotz blieb ich dabei.

Ursprünglich stellte ich mir unter dem Studium nur Französisch vor, das ich schon fast muttersprachlich beherrschte. Ich dachte mir deshalb, dass sich meine Anstrengungen mit dem Studieren in Grenzen halten würden, erfuhr dann aber, dass ich im Rahmen des Magisterstudiums das Französische entweder mit einer anderen nichtromanischen Sprache kombinieren musste (wie zum Beispiel Englisch oder Deutsch), oder aber mit zwei weiteren romanischen Sprachen. Außerdem war noch ein nichtsprachliches Fach erforderlich. Ich entschied mich für Soziologie.

Wollte man also ausschließlich romanische Sprachen miteinander kombinieren, so waren es derer drei, ein Hauptfach und zwei Nebenfächer. In meinem Fall war das Hauptfach Französisch und das erste Nebenfach sollte Spanisch werden. Die Entscheidung für das zweite Nebenfach konnte ich noch hinausschieben, denn die musste erst nach 4 Semestern gefällt werden. Außerdem musste ich das kleine Latinum nachholen. Es war also alles womöglich gar nicht so locker wie ich es mir anfangs vorgestellt hatte.

DAS KLEINE LATINUM –
OH SCHRECK LASS NACH!

Als ich im Alter von 12 Jahren in der Schule vor die Alternative gestellt wurde als zweite Fremdsprache Französisch oder Latein zu wählen, entschied ich mich für Französisch, denn ich sagte mir, mit wem soll ich mich denn auf Latein wohl unterhalten. Meine Eltern unterstützten das. Sie konnten etwas Französisch und meine Mutter hörte mir immer die Vokabeln ab und wollte auch selbst noch etwas hinzulernen. Damit wurde mir auch die Perspektive eröffnet an einem deutsch-französischen Schüleraustausch teilzunehmen in Le Puy-en-Velay im Zentralmassiv, der Partnerstadt meiner Heimatgemeinde. Ich blieb vier Wochen in einer kinderreichen Familie in dem kleinen Dorf Beauzac in der Nähe von Le Puy. Hier gab es keinerlei Ablenkungen und da die Kinder den ganzen Tag mit mir sprachen, lernte ich die Sprache sehr schnell und konnte hinterher bei den deutsch-französischen Festen immer als Übersetzerin einspringen.

Meine Austauschschülerinnen bestätigten mir, dass ich besser spreche als meine Lehrerin, trotzdem (oder gerade deshalb) bekam ich immer nur mäßige Noten. Man muss aber sagen, dass Grammatik und Orthographie nicht meine Steckenpferde waren. Da meine Eltern sowieso kategorisch ausgeschlossen hatten, dass ich jemals studieren würde, hatte ich mir niemals darüber Gedanken gemacht, dass ich das Latein vielleicht später nochmal benötigen sollte.

Nun ereilte es mich also. Ich belegte einen entsprechenden Anfängerkurs, kaufte mir das dazugehörige grauenhafte Lehrbuch und trabte zum Unterricht bei einem noch recht jungen, etwas ungelenken, hölzern und sehr ernst wirkenden Dozenten. Die ersten beiden Sätze dieses Lateinkurses und die sich daran anschließende Diskussion werde ich sicher nie mehr vergessen.

Bos videt ranam	-	der Ochse sieht den Frosch
Rana videt bovem	-	der Frosch sieht den Ochsen

Ich bin nun jemand, der ohne Umschweife nachfragt, wenn er etwas nicht versteht, jemand, der den Lehrenden Löcher in den Bauch fragte und es war mir niemals peinlich nachzufragen. Die Scham, dass meine Nachfragen mein Unwissen aufdecken könnten, war mir vollkommen fremd. Was hatte ich denn zu verlieren?

Also meldete ich mich sofort und fragte, wieso denn der Ochse einmal „bos" und einmal „bovem" heiße und der Frosch einmal „rana" und einmal „ranam". Das sei doch höchst merkwürdig. Der junge Dozent schlug die Augen zum Himmel und meinte, dass es im Deutschen doch ganz genauso sei, einmal heiße es „der Ochse" und einmal „den Ochsen". Im Deutschen werde der Kasus durch die Präpositionen bewerkstelligt, und im Latein seien diese schon implizit in der Form enthalten. Das sei im Übrigen kennzeichnend für das Latein.

Natürlich hätte ich mir das mit einiger Überlegung auch selbst erschließen können, aber ich fand es praktischer immer zu fragen, wenn mir etwas unklar war. Der junge Dozent war aber ganz offenbar genau davon sehr genervt und antwortete meist sehr unwirsch und ich dachte: „das kann ja heiter werden" und spürte, wie sich mein innerer Widerstand gegen den Dozenten und gegen dieses Fach schon in der ersten Stunde entwickelte.

Zunächst schaute ich also im Vorlesungsverzeichnis nach, ob es einen anderen Anfängerkurs gäbe, auf den ich ausweichen könnte. Das war nicht der Fall. Also ging ich weiter hin, denn ich brauchte ja irgendwann den Leistungsnachweis, den sogenannten Schein. Ich ging schon mit Widerwillen hin und kam mit schlechter Laune zurück.

Im Kurs lernte ich glücklicherweise Susi kennen. Mit ihr traf ich mich zu Hause oder in der Mensa am Nachmittag, wenn nichts mehr los war und wir uns etwas abseits mit unseren

Lateinbüchern hinhocken konnten. Wir lernten gemeinsam. Sie beantwortete mir alle Fragen, die sie verstanden hatte, ich erklärte, was ich verstanden hatte und den Rest schrieb ich mir als Frage für das nächste Mal auf. Es war natürlich viel besser mit Susi zu lernen als alleine, aber das Fach war und blieb mir ein rotes Tuch. Meine Motivation war auf dem Nullpunkt und ich hatte große Sorgen, dass ich das bei diesem Spaßverderber von Dozenten einfach niemals auf die Reihe bringen würde. Susi beschwichtigte mich und meinte, dass wir das schon schaffen würden. Meine Zweifel wurden immer stärker und je komplexer die Angelegenheit wurde, desto blöder stellte ich mich an. Ich war vollkommen blockiert.

Es war wie in der Schule: Wenn mein Verhältnis zu einem Lehrer oder einer Lehrerin getrübt war, konnte ich absolut keine Leistung erbringen und so war es auch hier. Ich ging tapfer weiter hin und stellte auch weiterhin meine unsäglichen Fragen, die den Dozenten offenbar nervten. Dabei hätte er doch daran sehen können, dass ich wirklich zu Hause ernsthaft daran arbeitete. Ich traf mich auch weiter mit der geduldigen Susi. Dann lernten wir für die Klausur.

Je näher der Klausurtermin rückte, desto verzweifelter wurde ich. Das Zeug war mir so verhasst, ich konnte es mir beim besten Willen nicht merken. Ich würde durch die Klausur rasseln. Gut, das taten andere auch, aber ich würde mir dann auch das ganze nächste Semester mit der Wiederholung versauen. Eine grauenhafte Vorstellung. Wir arbeiteten zusammen bis kurz vor dem Termin der Klausur. Susi ging hin, ich blieb zu Hause und legte mich ins Bett. Es war so eine Mischung aus Angst vor dem Durchfallen und Wut auf den Dozenten, durch den mir der gesamte Kurs vermiest wurde. Es war so eine Art Ausnahmezustand, schließlich hing ja mein gesamtes weiteres Studium vom Erwerb des kleinen Latinums ab. Ich war nur sauer. Aber ich habe sicherlich niemals vorher und niemals nachher so hart für einen Kurs gearbeitet.

Nach ca. zwei Wochen sagte Susi mir, dass man nun die

Scheine von der Klausur abholen könne. Man müsse zu dem Dozenten gehen. „O.k." sagte ich, „ich komme mit". Da Susi und ich immer nebeneinander gesessen hatten und immer dort zusammen aufkreuzten, dachte ich, das mache sich gut, wenn sie zuerst hineingehe und dann ich. Man musste einzeln eintreten.

Als ich eintrat runzelte mein spezieller Freund die Stirn und fragte, was ich wolle. „Meinen Schein abholen", sagte ich ganz trocken. „Ja, haben Sie denn überhaupt mitgeschrieben?" Entrüstet schaute ich ihn an und sagte: „Ja, natürlich!" Er fing an zu suchen und meinte, dass ich auch nicht auf seiner Liste stehe. „Na gut," sagte ich, „wenn das so ist, dann muss ich wohl nächstes Semester nochmal zu Ihnen kommen und den Kurs wiederholen." Er wurde blass und meinte, „nee, schon gut, ich werde die Arbeit sicher wiederfinden, hier ist Ihr Schein." Ich bedankte mich artig und verschwand vollkommen ohne Gewissensbisse. Jetzt konnte ich mich endlich dem Spanischlernen widmen.

Krass aber wahr, ich erkannte mich selbst nicht wieder, denn an und für sich steht Offenheit und Ehrlichkeit bei mir ganz vorne auf der Werteliste. Ein Ausrutscher. Vielleicht war das sogar strafbar, aber es ist heute hoffentlich verjährt. Auch eine Widderin kann nicht allen Herausforderungen standhalten.

SPANISCH LERNEN IN DEN 70ERN

So stand nun als erstes an, dass ich möglichst schnell Spanisch lernte. Dies erschien mir jedoch im Rahmen meines Romanistikstudiums vollkommen illusorisch. Denn es wurden nur zwei völlig überfüllte Kurse angeboten, die beide bei betagten spanischen Immigranten stattfanden, die teilweise in gebrochenem Deutsch aus ihren deutschen Lehrbüchern vorlasen. Das ganze geschah in einem ausrangierten Kino, dass bis auf den letzten Platz besetzt war und man konnte von Glück sagen, wenn man dazu kam, einen einzigen Satz zu äußern.

Dieser Satz war vorhersehbar, denn man konnte anhand der im Buch abgedruckten Übung ausrechnen, wann man dran kam und sich darauf vorbereiten, indem man das mit dem nächstsitzenden Nachbarn besprach. Bis man das ausdiskutiert hatte, kam man dann an die Reihe und konnte brillieren. Aber wehe es kam eine nicht vorhersagbare Nachfrage des Dozenten, dann war man vollkommen aufgeschmissen. Diese Lehrstunden fanden – wie gesagt – in einem ehemaligen Kino statt und ich kam mir vor wie im falschen Film.

Die verwendeten Lehrbücher waren ebenso betagt wie die Dozenten und genau wie diese von keiner Muse der Didaktik jemals geküsst worden. Dass ich so niemals Spanisch lernen würde, war mir schnell klar. Aber was tun? Es gab noch kein Internet, wo man sich nach Material hätte umschauen können, Sprachschulen kosteten Geld, Auslandsaufenthalte noch mehr. Meine Freundin Isabel schlug vor, dass wir uns doch sonntags zum Frühstück treffen könnten, um gemeinsam zu lernen und außerdem komme am späten Vormittag immer eine Sendung für spanische Gastarbeiter im Hessischen Rundfunk, die könnten wir gemeinsam anhören. Ihre Schwester wolle auch mitmachen. Gesagt, getan, wir trafen uns hochmotiviert und hörten uns die Sendung gemeinsam an und … waren wie erschlagen.

Eine spanische Radiosendung im Originaltempo anzuhören könnte den tapfersten Anfänger vollkommen entmutigen. Es war einfach niederschmetternd. Aber diese Sendung für spanische Gastarbeiter hatte zwei Teile, einen spanischen und einen deutschen. Wenn also der spanische Teil vorbei war, hörten wir uns die deutsche Version an. Das tröstete uns nur mäßig, aber zumindest wussten wir nun, worum es mehr oder weniger gegangen war. Der deutsche Teil wurde ebenfalls vom spanischen Moderator eingeleitet und gab uns einen Vorgeschmack auf die spanische Satzphonetik: GutenMorgenmeineDamenundHerren! Es war alles ein Wort, soviel Luft musste man haben und in einem Redeschwall von sich geben. Auch der deutsche Text erwies sich als eine ausgesprochene Herausforderung, denn wenn man sich längere Zeit so einen monotonen, nicht intonatorisch gegliederten, Text anhört, der den eigenen Hörgewohnheiten dermaßen widerspricht, ist das sehr anstrengend. Es endete regelmäßig mit Kopfschmerzen und Verzweiflung. Es half ja alles nichts, wir mussten einsehen, dass wir auf diese Weise nicht weiterkommen würden.

Von meinem Kommilitonen Dieter erfuhr ich, dass es im AFE-Turm (AFE=Abteilung für Erziehungswissenschaften – er wurde später abgerissen, aber nicht meinetwegen) ein Sprachlabor gebe, wo man sich Bücher mit Kassetten ausleihen konnte und an speziell dafür eingerichteten Tischen üben könne, sofern es einen freien Platz gab. Er jobbte dort als Hilfskraft und nutzte nebenher die Zeit zum Spanisch lernen.

Na prima, das probiere ich sofort aus, aber wurde damit auch nicht recht glücklich, da ich – wenn er nicht da war – keinen Ansprechpartner hatte, den ich bei aufkommenden Zweifeln hätte fragen können. Ich merkte auch hier wieder, dass ich zum individualisierten Alleinlernen nicht taugte. Ich brauchte unbedingt die Kommunikation, entweder zu einem Lehrenden oder zu einem anderen Lernenden.

Schließlich lernte eine von uns Alberto kennen, einen Kolumbianer, der in Deutschland studierte und der mehr oder weniger mit der deutschen Umgangssprache, die er aufgeschnappt hatte, über die Runden kam. Er bot sich an, uns Spanisch beizubringen und stieß zu unserem sonntäglichen Frühstück hinzu. Er war ein sehr netter Typ, der aber weder vom Unterrichten noch von der spanischen Grammatik eine Ahnung hatte. Immerhin arbeiteten wir mit ihm einige Texte durch und hörten weiterhin die Gastarbeitersendung an. Es wurde uns aber bald klar, dass wir mit diesen Methoden diese Sprache sicherlich nie vernünftig lernen würden. Wir liebäugelten mit einem Auslandsaufenthalt und überlegten, wie wir das mit unseren knappen finanziellen Mitteln wohl anstellen sollten.

Für Isabel ergab sich schon bald eine Gelegenheit, denn einer der beiden Dozenten, German Olarieta, bot im Sommer immer Kurse in seiner Heimatstadt Cuenca an. Er lud auch immer einige Studenten ein, dort Deutschkurse anzubieten. Dann war der eigene Spanischkurs ermäßigt oder sogar umsonst. Isabel nahm dieses Angebot dankend an und begab sich erstmalig in die Rolle einer Deutschlehrerin. Ich war unsicher, vielleicht war ich auch nicht gefragt worden, denn ich glänzte in dem Kurs nicht gerade durch regelmäßiges Erscheinen, weil mich der langsame Lernfortschritt so frustrierte.

Irgendwann erzählte mir Alberto, dass seine Freundin Laura nach Barcelona umgesiedelt sei. Er könne mir ihre Adresse geben. Er gehe davon aus, dass ich sicherlich bei ihr übernachten könne, wenn ich in Barcelona wäre und dass sie mir bestimmt auch mit dem ein oder anderen Tipp hinsichtlich des Sprachenlernens behilflich sein würde.

Wunderbar, das klang doch wirklich vielversprechend. Ich quälte mich noch durch den Spanischkurs und wollte dann aufbrechen. Wenn die Unterkunft schon umsonst war, dann bräuchte ich ja nur noch die Fahrt zahlen und eventuell einen Sprachkurs.

Das schien in erreichbarer Nähe, denn ich habe eigentlich immer neben dem Studium gejobbt, so dass ich kleinere Rücklagen für Durststrecken oder Unternehmungen dieser Art hatte. Ich war mir für keinen Job zu schade: Büroarbeiten, Diplomarbeiten tippen, an einer Sprachenschule Deutschkurse für Immigranten (damals Gastarbeiter genannt) geben, Hilfskraftjobs an der Uni und sogar Schnee schaufeln und dergleichen mehr. Ich nahm, was ich kriegen konnte, beschränkte meine Ausgaben auf das Nötigste und kam von daher nie in ernsthafte finanzielle Engpässe.

Meine Eltern hatten mir eingebläut, dass ich bei Ihnen bloß nicht nachfragen solle, wenn es mal knapp würde und meine Schwestern zu fragen hätte ich mich nie getraut. Sie waren auch nicht auf Rosen gebettet und arbeiteten hart für ihre Existenz. Also war mir klar, dass ich hier ganz allein zuständig war und es taten sich auch immer wieder neue Möglichkeiten auf, wenn man sich dahinter klemmte und sich nicht zu fein dafür war, auch mal Aufgaben zu erledigen, die man nicht wirklich super fand, aber die nach meinem damaligen Dafürhalten „anständig" bezahlt wurden. Diese Tätigkeiten gewährten auch einen Einblick in unterschiedliche Berufswelten, was ich neben der Bezahlung auch interessant fand.

Bald kam noch ein weiteres Argument hinzu, dass mich in der Ansicht bestärkte, dass ich unbedingt nach Barcelona fahren wollte.

EIN REFERAT ZUM KATALANISCHEN

In einem Seminar zur Soziolinguistik der romanischen Länder entfiel zufällig auf mich das Referat zum Katalanischen, wovon ich bis zu diesem Zeitpunkt noch nie gehört hatte. Ich wusste nichts darüber und hatte auch von der Sprache nicht die leiseste Vorstellung.

Die Professorin meinte, das Problem sei, dass es zu diesem Thema kaum Literatur in deutscher oder englischer Sprache gäbe. An und für sich gäbe es nur ein wichtiges Buch und das sei in katalanischer Sprache geschrieben (das war 1978). Sie reichte mir einen stattlichen Wälzer. Es war das Werk von Badia i Margarit, dem damaligen Rektor der Universität Barcelona, eine Untersuchung zur katalanischen Sprache in Barcelona. Es hieß: „La llengua dels Barcelonins" – Die Sprache der Barceloneser.

Ich schaute mir das Opus irritiert an und sagte: „ja, aber ich kann doch gar kein Katalanisch!" Die Professorin, die Jahre später meine Doktormutter werden sollte, meinte trocken: „ja, das wird sich ändern, wenn Sie das Buch durchgearbeitet haben." Ach so, so einfach war das also, na dann würde ich es natürlich in Angriff nehmen und wenn Sie mir das so ohne weiteres zutraute, konnte es ja nicht so schwer sein.

Und siehe da, es war genauso wie sie es vorhergesagt hatte. Ich zog mir in wochenlanger Kleinarbeit den ganzen Wälzer rein und traf mich regelmäßig mit einer Katalanin, die ich im Seminar kennengelernt hatte, um etwaige sprachliche Zweifel zu klären. Sie hatte mehr fachliche Zweifel als ich und so wurde es ein fruchtbarer Austausch. Wir beschlossen dann das Referat zusammen zu halten. Ich konzipierte und strukturierte es, sie war für das Sprachliche zuständig, ich für das Inhaltliche und für den deutschen Vortrag. Die Professorin war sichtlich beeindruckt, sie gewährte mir weiterhin Orientierung im gesamten Studium und betreute schließlich wohlwollend meine folgenden Qualifikationsschritte, die sämtlich von ihr angeregt wurden. Aus eigenem Antrieb wäre ich sicher nie auf die Idee gekommen zu promovieren.

Es wurde uns im Laufe dieses Hochschulseminars angeboten, dass wir nach erfolgreicher Teilnahme auch an einer Exkursion nach Nordkatalonien (nach Perpignan/Perpinyá) teilnehmen könnten. Dort hätten wir die Möglichkeit ein Seminar, das sich speziell der katalanischen Soziolinguistik widmen würde, zu besuchen. Man hätte Gelegenheit vor Ort an Untersuchungen mitzuwirken und man würde die *crème de la crème* der katalanischen Forscher persönlich kennenlernen.

Ich bewarb mich sofort, denn das klang ja wirklich interessant und lag außerdem an meinem Weg nach Barcelona, das ich ja ohnehin schon als Reiseziel angepeilt hatte. Nun stellte sich nur noch die Frage, wie ich denn dahin käme.

VOR DAS MOTORRADFAHREN HABEN
DIE GÖTTER DAS SCHRAUBEN GESETZT

Ich teilte mir mit meinem wieder einmal Lebensabschnittsgefährten Mike ein Motorrad, eine BMW 600. Wir hatten zusammen den Führerschein gemacht und die BMW war schon unser zweites gemeinsames Motorrad. Ich eröffnete dem Guten, dass ich mich mit der Absicht trüge, alleine auf unserem Motorrad nach Barcelona zu fahren, da ich zunächst in Perpignan ein Seminar zum Katalanischen besuchen und anschließend in Barcelona einen Spanischkurs machen wolle.

Der Motorradfreund war nur mäßig begeistert und wies mich auf alle möglichen schwierigen Situationen hin, in die ich als allein reisende Bikerin geraten könne. Er hob auch die technischen Probleme besonders hervor, die auftreten könnten, während ich mit der Maschine allein unterwegs wäre. Schließlich machte er zur Bedingung, dass ich das Motorrad, das er zerlegen würde, mit seiner Hilfe wieder zusammenbauen sollte, so dass ich über das Innenleben des Motorrads bestens informiert wäre und mir im Zweifel alleine zu helfen wüsste.

Er hatte wohl gehofft, dass mich diese Aussicht abschrecken und von meinem Vorhaben abbringen würde, aber weit gefehlt. Ich hatte ein offenes Ohr für diese pädagogische Predigt, fand es auch sinnvoll über so viel Know-how zu verfügen, dass ich mir selbst helfen könne und so kam es denn dazu, dass wir uns monatelang unsere Wochenenden damit verschönerten, dieses Motorrad zu zerlegen und wieder zusammenzubauen. Ich nahm die Herausforderung an und erhielt einen tiefen Einblick in das Innenleben dieses Geräts. Allerdings schwor ich mir schon während der ganzen Schrauberei, dass ich sicherlich nie wieder freiwillig Hand an dieses oder ein anderes Motorrad anlegen würde, nachdem ich diese Feuerprobe bestanden hätte. Und genauso kam es. Die Erfahrung war also doch nicht pädagogisch wertvoll.

Schweren Herzens überließ er mir also das mit viel Liebe und Schweiß restaurierte Objekt meiner Begierde und ich fuhr damit tatsächlich ganz alleine los. Schon in Freiburg funktionierte dann der Tacho nicht mehr, da war offenbar ein Kabel gerissen. Ich fuhr einen Parkplatz an und gesellte mich zu den anderen Bikern und schilderte ihnen das Problem. Sie meinten, ich könne ohne Probleme auch ohne Tacho weiterfahren, denn ich würde ja hören, wann ich schalten müsste und in geschlossenen Ortschaften solle ich mich einfach an den fließenden Verkehr anpassen. Das fand ich einen prima Ratschlag. Ich fuhr entspannt ohne Tacho weiter und grinste in mich hinein, als ich mir vorstellte, was Mike jetzt sagen würde. Für so einen Fall hatte er mich doch ausgebildet und er hätte sicher erwartet, dass ich das jetzt sofort reparieren würde. Aber ich hatte in den letzten Wochen genug geschraubt und der Defekt hinderte mich ja nicht an der Weiterfahrt. Alles andere interessierte mich nicht. Man muss im Leben halt Prioritäten setzen.

Ich fuhr fröhlich und entspannt nach Perpignan und schlängelte mich auf kleinen Provinzsträßchen gemächlich meinem Ziel entgegen. Autobahnen kamen sowieso nicht in Frage, da die ja in Frankreich kostenpflichtig waren und sind. Außerdem war es so viel beschaulicher. Ich konnte hin und wieder in kleinen Städtchen anhalten, Kaffee trinken und mir die Beine vertreten. Ich lernte auch sehr schnell, dass ich die gewählten Etappen unbedingt verkürzen musste, denn das stundenlange Sitzen auf dem Bock war doch recht anstrengend. Ich war abends dann auch rechtschaffen müde und wäre sicher sofort ins Bett gefallen, hätten die kleinen Hotels nicht verlangt, bei Ihnen auch das Abendessen einzunehmen. Ohne Abendessen gab es keine Übernachtung. Die Sache hatte System. Das fand ich anfangs blöd, aber andererseits bin ich ja auch eine Freundin des gepflegten Essens und da nahm ich die paar Übernachtungen gerne in Kauf.

Ich kam tatsächlich wohlbehalten in Perpignan an und sorgte mit meinem Motorrad für Furore. Eine Frau, die alleine mit einem Motorrad unterwegs ist, war offenbar für manche Leute zu dieser Zeit noch eine Provokation. Da ich einen extremen Kurzhaarschnitt hatte, wurde ich an den Tankstellen oft mit „Monsieur" angesprochen. Ich erwiderte konsterniert „Madame!". „Oh, pardon, excusez-moi", entschuldigten sich die Übeltäter sofort, die sich im Ton vergriffen hatten. Ich grinste zufrieden vor mich hin.

Die Mühen der langen und auch beschwerlichen Reise hatten sich gelohnt. Das Seminar war ein wunderbares Erlebnis, ich lernte sehr viele nette und kompetente Leute kennen, erhielt einen tiefen Einblick in die Grundfragen der Soziolinguistik sowie in die Geschichte und Situation des Katalanischen. Ich durfte an einer empirischen Untersuchung des namhaften katalanischen Linguisten Gentil Puig teilnehmen. Wir lernten auch katalanische Liedermacher kennen.

Viele der dort geknüpften Kontakte zu den deutschen, französischen und katalanischen Teilnehmerinnen und Teilnehmern des Seminars halten bis auf den heutigen Tag. Auch das Thema ließ mich nicht mehr los und sollte mich durch meine wissenschaftliche Entwicklung und verschiedene Qualifikationsstufen (Magisterarbeit und Doktorarbeit) begleiten. Die zwei Wochen vergingen wie im Flug und ich glaube, am liebsten wären wir alle noch länger dort geblieben.

Meine dort neu gewonnene Freundin Andreua (französisch: Andrée) lud mich ein zurückzukommen und das nahm ich mir fest vor und setzte es auch um. Im darauf folgenden Jahr bewarb ich mich für eine Stelle als Assistentin für deutsche Sprache an einem Gymnasium und kam für 9 Monate zurück.

ALLEINE AUF DEM WEG IN DIE METROPOLE

Während die meisten nach diesem so erfolgreichen Sommerseminar wieder zurückfuhren nach Deutschland, machte ich mich auf den Weg nach Barcelona, denn ich hatte ja mein Ziel, nun Spanisch zu lernen durchaus nicht aus dem Auge verloren. Allerdings schwankte ich nun und sagte mir, ich könne auch gleich mit dem Katalanischen beginnen, denn gewisse Vorkenntnisse hatte ich mir ja angeeignet und ich brauchte ja sowieso zwei Nebenfächer.

Barcelona war schon damals eine Millionenstadt mit einem gewaltigen Verkehrsaufkommen, eine Metropole, wie ich sie noch nie zuvor gesehen hatte. Einbahnstraßen mit sechs und mehr Spuren, alle dicht befahren, riesige Kreuzungen, unwirtliche Vorstädte, die an den Hügeln klebten. Die Stadt war mir vollkommen unbekannt und damals gab es ja noch keine Navis oder sonstige elektronische Systeme, die einen an eine bestimmte Adresse hätten leiten können. Komischerweise machte ich mir darüber im Vorfeld überhaupt keine Gedanken oder gar Kopfzerbrechen. Ich fuhr einfach los mit ein paar Adressen und Telefonnummern im Gepäck und hoffte, dass der Rest sich einfach so finden würde und das passierte auch tatsächlich.

Rückblickend ist mir das fast unheimlich wie unbedarft und sorglos ich damals durch die Gegend fuhr. Heute traue ich mich kaum noch eine längere Strecke alleine mit dem Auto zu fahren, weil ich mir ausmale, was da alles für Unannehmlichkeiten auf mich warten könnten. Damals war ich ganz frei davon. Die Unannehmlichkeiten gab es auch, aber sie wurden durch viele andere Dinge kompensiert, die mir wichtiger erschienen.

Ich fand die angegebene Adresse von Laura (der chilenischen Exfreundin von Alberto) und wurde auch freundlich aufgenommen. Die Wohnung war in einem desolaten Zustand. Es lagen in allen Ecken irgendwelche Matratzen und es kamen und gingen fortwährend Leute, die alle zu Besuch waren. Laura hatte unter anderem Besuch von ihrem Vater, der eigentlich in Deutschland im Exil lebte. Er war gekommen, um ihre Mutter, die in Spanien lebte, im Krankenhaus zu besuchen. Da ging ich dann bei Gelegenheit auch mal mit.

Leider bekam ich den größten Teil der Unterhaltung nicht mit, aber die Mama freute sich trotzdem über meinen Besuch. Es war eine willkommene Abwechslung. Ich merkte auch ohne ausreichende Sprachkenntnisse, dass die Atmosphäre irgendwie konfliktgeladen war. Laura und ihr Vater führten auch zu Hause fortwährend sehr emotionale politische und familiäre Diskussionen, denen ich aber ebenfalls kaum folgen konnte, aber ich spürte, dass da etwas in der Luft lag. Ich glaube, die Eltern wurden kurze Zeit später geschieden.

Dann traf ich in der Wohnung noch einen alten Bekannten, Juancho, einen Peruaner, bei dem ich an der Uni Frankfurt schon mal ein Seminar belegt hatte. Er war auf der Durchreise. Als er hörte, dass ich allein mit einem Motorrad von Frankfurt aus nach Barcelona gekommen war, bekreuzigte er sich und meinte, dass er niemals mehr im Leben auf ein Motorrad steigen würde. Ich schimpfte ihn einen alten Macho, aber er erzählte mir dann herzzerreißende Geschichten von Freunden und Verwandten, die alle bei Motorradunfällen umgekommen oder schwer verletzt worden waren. Bei einigen hatte er sogar hinten drauf gesessen. Ich blieb unbeeindruckt und hielt ihn für abergläubisch.

In den nächsten Tagen besorgte ich mir einen Stadtplan und erkundete dann Barcelona – ich hatte ja auch noch ein paar Adressen, die ich anfahren konnte. Ich war hingerissen von dieser schönen Stadt, von der Freundlichkeit der Leute, von dem schönen Wetter und von der Tatsache, dass ich den ganzen Tag lang machen konnte, was ich wollte und niemandem Rechenschaft schuldete. Ich verweilte an schönen Ecken und dann zog es mich weiter. Auf einer dieser Touren landete ich im Stadtteil Gràcia, der gerade für seine alljährliche „Festa

Major" geschmückt und hergerichtet wurde. Ein Straßenfest, dass mehrere Tage dauert, praktisch rund um die Uhr und an dem alle teilnehmen, vom Säugling bis zur Oma. Einige Straßen waren abgeriegelt und dort standen Tische und Bänke, Podien für Musikgruppen wurden an allen Ecken aufgebaut. Es war einfach unglaublich.

Ich lernte eine junge Frau kennen, die mir das Viertel etwas zeigte und dann sagte, ich solle doch mitkommen zu ihr. Dort trafen wir auf eine ganze Menge Leute, die gerade dabei waren Klapptische und Stühle und jede Menge Lebensmittel nach unten zu tragen auf einen kleinen Platz. Dort bauten sie dann einen Verkaufsstand auf und begannen mit der Produktion verschiedener Sandwiches, die abends verkauft werden sollten. Ich half natürlich mit und eh ich mich versah, stand ich abends hinter dem selbstgebauten Tresen und verkaufte die halbe Nacht lang Sandwiches. Zum Schluss bekamen wir natürlich auch welche. Dann wurde alles wieder abgebaut und ich durfte mit hochkommen und in der Wohnung schlafen. In irgendeiner Ecke fand sich eine Matratze, Decken benötigte man keine, denn es war ja Hochsommer.

Dass ich dort so unkompliziert Mitglied einer kleinen Gruppe geworden war, erfüllte mich mit einem unglaublichen Hochgefühl. Die Tatsache, dass ich mich eigentlich mit niemanden richtig unterhalten konnte, störte mich gar nicht so stark. Ich war die ganze Zeit damit beschäftigt zu sortieren, ob sie Spanisch oder Katalanisch redeten, konnte das aber gar nicht immer auseinanderhalten. Ich nahm einfach ein bilinguales sprachliches Vollbad, ließ alles auf mich wirken und lernte einen begrenzten aber effektiven Wortschatz für meine Zwecke. So unkompliziert ich dazu gestoßen war, so unkompliziert konnte ich auch wieder verschwinden, ohne, dass es jemand aufgefallen wäre. Ich fand das herrlich. Das passte einfach wunderbar zu meinem Lebensgefühl.

Mein Hauptquartier hatte ich aber weiterhin bei Laura aufgeschlagen und kehrte auch regelmäßig dahin zurück. Auch hier konnte ich kommen und gehen wie ich wollte und das störte niemanden. Jeder kaufte mal ein, aber meistens ernährte ich mich außerhalb des Hauses von Milchkaffees und Sandwiches und allen möglichen Snacks auf Kartoffelbasis. Wunderbar!!! Ela im Schlaraffenland. Wenn jemand mit einem größeren Einkauf nach Hause kam, meist waren es Obst, Tomaten, Brot und Käse, dann setzte man sich schnell zusammen und aß es gemeinsam auf. Bei Laura und ihrem Vater hatte ich den Eindruck, dass sie ausschließlich von Espresso und Zigaretten lebten. Das war beides nicht so meins.

Begeistert erzählte ich Laura und Juancho von meinen Erlebnissen in Gràcia, von diesem tollen Fest, von den netten unkomplizierten Leuten und fragte sie, ob sie nicht abends mitkommen wollten. Laura war schon anderweitig verabredet, aber Juancho hatte Interesse. Als er aber erfuhr, dass ich mit dem Motorrad dorthin fahren und ihn mitnehmen wollte, wehrte er heftig ab, dass er das auf gar keinen Fall machen würde. Seine Traumata meldeten sich zurück, aber andererseits wollte er auch nicht als der lateinamerikanische Macho dastehen, der nicht mitfährt, wenn eine Frau am Steuer sitzt. Ich überredete ihn schließlich und wir fuhren gemeinsam los. In Gràcia verbrachten wir einen sehr netten Abend.

Irgendwann sehr spät in der Nacht traten wir den Heimweg an und ein paar hundert Meter vor unserem Ziel überfuhr ein Wagen eine rote Ampel und raste genau wie ich auf die Mitte der Kreuzung zu. Ich bremste, fuhr aber trotzdem voll in die Seite dieses Autos hinein. Mein Beifahrer, der arme Juancho, machte durch den Aufprall einen Salto über das Auto und kam auf der anderen Seite unverletzt zum Stehen. Ich hielt den Lenker mit aller Gewalt fest, aber mein linker Arm konnte dem Druck nicht standhalten und brach. Ansonsten war ich unverletzt, aber das Motorrad hatte Totalschaden.

Glück im Unglück war, dass sich der Unfall in der Nähe des Hospitals San Pau i Santa Creu ereignet hatte und sofort ein Sanitätsauto zur Stelle war, das mich und Juancho mitnahm.

Zum Glück konnte Juancho zwischen mir und den Kranken-
pflegern dolmetschen. Ich wurde stationär aufgenommen und
Juancho ging danach bleich, erschöpft und vollkommen trau-
matisiert nach Hause, wo er Laura von den Geschehnissen
berichtete.

IM KRANKENHAUS:
MACH EINEN SPRACHKURS DRAUS

Ich kam in ein Krankenzimmer, das sich die nächsten 14 Tage zu meinem Sprachlabor entwickeln sollte. Außer mir lag noch eine ältere baskische Frau und eine Katalanin mittleren Alters auf dem Zimmer. Die beiden waren gezwungen miteinander auf Spanisch zu kommunizieren und mit mir natürlich auch. Sie hatten beide eine Verletzung am Fuß und konnten nicht aufstehen, während ich einen gebrochenen Arm hatte, aber herumlaufen konnte. So veranlassten sie mich, die ein oder andere Besorgung innerhalb des Hauses für sie zu machen oder sie innerhalb des Zimmers zu unterstützen.

Da sie rasend schnell sprachen und ich nur Bruchstücke verstand, dauerten diese Prozeduren immer stundenlang. So sollte ich zum Beispiel einmal bei der Katalanin an ihren Nachttisch gehen, die dort vorhandenen Pfirsiche herausnehmen, waschen und zurückbringen und dann einen davon selbst essen. Sie wiederholte all dies ununterbrochen in für mich rasendem Tempo. Es klang wie ein Wasserfall. Trotzdem kam ich irgendwann an den Punkt, wo ich es verstand und setzte die Dinge um, worum mich die beiden baten. Sie fragten mich auch aus über meinen Unfall und ob meine Eltern davon wüssten und dergleichen mehr. Ich antwortete so gut ich konnte.

Beide Frauen bekamen täglich Besuch von ihren Verwandten oder Freunden und erzählten diesen wiederum, die eine auf Katalanisch, die andere auf Spanisch, wer ich war, was für einen Unfall ich hatte und dass ich so weit weg von zu Hause sei und meine Eltern es gar nicht wüssten. So hörte ich jeden Tag mehrfach meine Geschichte, bis ich sie selbst ebenfalls aufsagen konnte. Die Verwandten ergingen sich in Mitleidsbekundungen und kamen fortan auch an mein Bett, um auch mir die obligaten Begrüßungs- und Verabschiedungsküsschen zu geben. Alle bedauerten mich furchtbar, dass ich in einem fremden Land sei und meine Familie so weit weg. Einige Male besuchte mich auch Laura, bei der sich meine Mitpatientinnen dann ausgiebig über mich erkundigen konnten, da ich ja aufgrund der sprachlichen Hürden ihren Wissensdurst nicht adäquat stillen konnte.

Die Kommunikation zwischen der Putzfrau, die morgens feucht durchwischte, mit der katalanischen Patientin verlief, genau wie die mit den Krankenschwestern und Ärzten, auf Katalanisch und mit der baskischen Patientin und mir auf Spanisch. So schnappte ich eine Menge auf, mehr als alles andere jedoch die Sprachmelodie und die „ayayays" und „ohs", die Bekundungen von Überraschung oder auch Verzweiflung. Ich hätte diese beiden Damen nach zwei Wochen wahrscheinlich auf der Bühne eines Kabaretts perfekt imitieren können, auch wenn sich mir die Bedeutung vieler einzelner Wörter noch gar nicht erschloss, sondern hauptsächlich deren Inszenierung. Jede Begrüßung und Verabschiedung von Besuchern war ein Highlight an Überschwang und Dramatik.

Wenn niemand in der Nähe war, kein Krankenhauspersonal und kein Besuch, vertrieb sich die katalanische Patientin ihre Zeit damit, mich mit einigen Vokabeln vertraut zu machen. Sie zeigte z.B. auf das Fenster und sagte: „la ventana" und dass es Spanisch sei, dann fügte sie hinzu, dass es auf Katalanisch „la finestra" heiße. Sie fuhr fort mit der Tür, dem Bett, dem Nachttischchen und mit sonstigen Gegenständen. Am nächsten Tag fragte sie mich dann wie die genannten Gegenstände heißen. Damit vertrieben wir uns immer wieder mal das ein oder andere Stündchen und sie lobte meinen Akzent und mein Gedächtnis. Ich lernte sehr schnell auch alle gängigen alltäglichen Alltagswendungen und kam damit ganz gut zurecht. Die ständige Belobigung und Ermutigung meiner Zimmergenossinnen fuhr die Motivation noch weiter nach oben.

Als ich nach zwei Wochen entlassen wurde, war mir dieses Krankenzimmer lieb geworden und ich wäre am liebsten noch gar nicht gegangen. Aber es gab noch viel zu tun. So suchte ich als erstes einen vom ADAC empfohlenen Rechtsanwalt auf, dem ich meinen Unfall und die Folgen unterbreitete und den ich bat, sich der Sache anzunehmen. Er fragte mich, seit wann ich denn in Spanien lebe. Als ich ihm erklärte, dass ich mein Spanisch innerhalb der letzten zwei Wochen im Krankenhaus erlernt habe, meinte er, dass ich ihn wohl auf den Arm nehmen wolle. Dies betrachtete ich dann als meine erfolgreiche Sprachprüfung. Bestanden!!!

Zu einem Sprachkurs in Spanien kam es dann nicht mehr. Ich musste sehen, wie ich die Heimreise organisierte und wollte dann doch schnellstens nach Hause. Dort stellte sich heraus, dass meine Wunde nur unzureichend versorgt worden war und ich musste sofort noch einmal ins Krankenhaus und erneut operiert werden. Ein Lateralschaden des Spanischlernens.

ICH HÄTTE SO GERN 'NEN HALBTAGSJOB

Irgendwann, als das Ende des Studiums schon in Sicht war, war ich beständig auf der Suche nach neuen Jobs, die womöglich etwas einträglicher wären als die ewigen Hiwi-Jobs an der Uni. Ich hatte Glück, denn es stellte sich heraus, dass eine Französin, die ich über meine Freundin Luise flüchtig kannte, einen sehr gut bezahlten Job aufgeben wollte. Sie hatte gerade ihr Examen erfolgreich hinter sich gebracht und fand sich nun – mit dem Titel Magister Artium geschmückt – tatsächlich überqualifiziert, um weiterhin in einem Büro zu arbeiten. Als ich hörte, was sie für einen Stundenlohn bekam, tränten mir die Augen.

So etwas würde ich doch mit allen möglichen Titeln nicht hergeben, dachte ich. Aber ich glaube, sie hatte einen Mann mit Geld an der Angel. Deshalb musste sie sich nicht mehr in die Niederungen der Büroarbeit hinunter begeben. Sie gab mir die Telefonnummer der Firma und ich bewarb mich auf der Stelle und wurde umgehend eingeladen.

Es handelte sich um einen französischen Chemiekonzern, der ausschließlich zweisprachige Mitarbeiter und Mitarbeiterinnen beschäftigte. Entweder war dem jeweiligen französischen Verkäufer eine deutsche Sekretärin zugeordnet, oder dem deutschen Verkäufer eine französische Sekretärin. Weibliche Verkäuferinnen gab es nicht, aber unter den Sachbearbeitern der Verwaltung wie zum Beispiel im Rechnungswesen gab es auch Männer und Frauen beider Nationalitäten.

Man bot mir an, dass ich stundenweise aushelfen könne, je nachdem in welcher Abteilung gerade jemand krank oder in Urlaub wäre. Das bedeutete, dass ich überhaupt nicht planen konnte und vollkommen von den meist plötzlichen Angeboten für einen Arbeitseinsatz abhängig war. Aber das nahm ich in Kauf, denn ich hatte bis dahin noch nie in irgendeinem anderen Job so viel verdient. Ich dachte mir, dass ich den Laden erstmal kennen lernen müsste und dann vielleicht mal nachfragen würde, ob ich nicht eine mittelfristig Halbtagsstelle bekommen könnte.

Ich erinnere mich nicht mehr genau wann ich dort anfing, wahrscheinlich Ende der 70er Jahre. Aber gefühlt waren es Monate, wenn nicht sogar mehrere Jahre, in denen ich in dieser spontanen Springerposition dort unregelmäßig aushalf. Ich arbeitete mich sehr schnell ein, es gab keine fachlichen oder sprachlichen Probleme und ich war immer blitzschnell zur Stelle, ohne über die kurzfristigen Benachrichtigungen zu klagen.

Die größte Herausforderung waren für mich der Habitus der Kolleginnen und Kollegen und der Umgang ihnen, denn es war wirklich eine völlig andere Welt als die, aus der ich kam. Die Frauen waren alle stark geschminkt, trugen ihr Haar dauergewellt und/oder blondiert, hatten eine schlanke Figur, die in edler Garderobe steckte. High Heels waren normal.

Einmal teilte ich mir das Büro mit einer Kollegin. Unsere Schreibtische standen sich gegenüber. Die Kollegin schaute etwa alle fünf Minuten in einen kleinen Spiegel und kontrollierte ihr Makeup. Was für ein Stress. Sie tat mir wirklich leid, denn wie unsicher musste sie sein, wenn sie alle Nase lang kontrollieren musste, ob sie noch o.k. war. Wenn ihr direkter Chef am Telefon war, geriet ihre Stimme eine Oktave höher als normal. Was für ein Getue! Ich staunte. Die Herren der Schöpfung steckten alle in Anzügen mit gedeckten Farben und trugen Schlips.

Ich legte nun gar keinen Wert auf schicke Kleidung. Mein studentisches Budget hätte dafür auch gar nicht ausgereicht. Wahrscheinlich wusste ich gar nicht, dass es Markenklamotten gab, und wenn hätte ich bei den Preisen sicher gleich einen Herzinfarkt bekommen. Ich trug also Jeans und Overalls, Blusen und T-Shirts und irgendwelche bequemen Treter, an denen der alte Pfarrer Kneipp seine Freude gehabt hätte. Außerdem hatte ich einen Superkurzhaarschnitt in Streichholzlänge, der mich möglichst lange vom Frisör und den damit verbundenen Ausgaben fernhalten sollte. Ich dachte mir, dass ich ja schließlich für meine Französischkompetenz bezahlt werde und nicht für ein besonders fesches Styling. Ich war in diesem Ambiente in jeder Hinsicht ein Fremdkörper.

In der Firma wurde jeweils am späten Vormittag Kaffee ausgeteilt und alle trafen sich an einem Servierwagen und nutzten die paar Minuten zu einem Schwätzchen, bis jeder wieder mit seiner Kaffeetasse ins Büro verschwand. Bei der Kaffeeverteilung gab es dann für das Stammpersonal auch Gelegenheit, die Aushilfskräfte zu beäugen (und umgekehrt) sowie mal ein paar Worte mit ihnen zu wechseln.

Mein Kurzhaarschnitt übte eine unglaubliche Anziehungskraft aus. Viele der Herren meinten mir unbedingt über den Kopf streichen zu müssen. „Wenn ich angefasst werden will, sage ich Bescheid", meinte ich trocken. „Da kann ich ja lange warten", meinte der betreffende Herr. „Eben", meinte ich. Das kam gut an und ich hatte die Lacher auf meiner Seite.

An einem anderen Tag – ich trug einen knallroten Overall – meinte ein anderer Kollege: „ach, Sie sind wohl unter die Monteure gegangen." „Ja, genau, ich wollte bei Ihnen die Schrauben mal nachziehen." Auch dies war wieder zur Kaffeezeit mit vielen Anwesenden und trug sehr zur allgemeinen Erheiterung bei. Danach war ich vor weiteren Kommentaren einigermaßen sicher. Mit meiner Arbeit war man zufrieden, es gab weder fachliche noch sprachliche Probleme.

Allerdings wurde mir zugetragen, dass die Franzosen am Telefon bei mir eine Portion Höflichkeit vermissten. Ich war erstaunt und begriff nur langsam womit das zusammenhing. In einer Unterhaltung mit einem Franzosen musste unbedingt zunächst ein kurzer Smalltalk eingefügt werden, indem man sich eigentlich gar nichts mitteilen wollte, sondern nur sehr kurz und oberflächlich Höflichkeiten austauschte. Ich hatte das bis dahin als völlig überflüssig empfunden. Auch hatte ich gemerkt, dass immer Fragen nach dem Befinden gestellt wurden, aber keiner wirklich wissen wollte, wie es mir gehe. In diesem Fall erwartete man auf keinen Fall, dass ich über meine Kopfschmerzen klage, sondern, dass ich mich bedanke und zurückfrage, wie es meinem Gegenüber gehe. Es ging nur um den rituellen Austausch von Routineformeln, deren Einhaltung mit Höflichkeit gleichgesetzt wurde.

ça va?	Wie geht's?
merci, ça va, et vous ?	Danke, es geht und wie geht es Ihnen?
ça va, merci	Danke, es geht
c'est pour …	Ich rufe an wegen…

Erst nach Abwicklung dieses Schemas, bei dem sich der Austausch von ça va-Elementen auch durchaus noch in die Länge ziehen konnte, kam man zur Sache. Das war mir lästig und überflüssig erschienen und ich kam immer direkt auf den Punkt. Ich sagte „guten Tag", nannte meinen Namen und meine Firma und bestellte 500 Tonnen irgendeiner hochgiftigen Chemikalie für die Firma XY usw. Das ging also gar nicht. Nachdem ich erfuhr, dass mir das als Unhöflichkeit ausgelegt worden war, befleißigte ich mich im ça va-Austausch und konnte am Schluss gut fünf Minuten damit bestreiten, ohne irgendetwas Nennenswertes zu sagen.

Was die Chemikalien anging, so durchschaute ich ja überhaupt nicht, was da jeweils an wen verkauft wurde und zu welchem Zweck. Einmal sagte mir ein Kollege, für den ich gerade arbeitete, dass die Grünen ja schön doof wären, wenn sie glaubten, dass es in den Flüssen, die schäumten, so viele Chemikalien gebe. Die meisten Chemikalien gebe es tatsächlich in Flüssen, die nicht schäumten, denn die Firma verkaufe ja Entschäumer. Mir verschlug es die Sprache, aber ich ließ mir nichts anmerken. Ich dachte mir, wenn ich jemals in die Politik gehen sollte, dann wüsste ich auf jeden Fall, wo ich da nachhaken müsste.

Eine Diskussion mit diesem parfümierten Lackaffen erschien mir definitiv arbeitsplatzgefährdend.

Auch die Leute, die mit diesen Chemikalien arbeiteten oder in Kontakt kamen, schienen nur sehr unzureichend informiert zu sein. So verschwand eines Tages in Frankreich ein Lkw-Fahrer mit einem Tank hochexplosiver Chemikalien. Er hatte das Werk A pünktlich verlassen, erschien aber nicht im Werk B. Er musste von der Polizei gesucht werden. Schließlich wurde der Lkw in einem Wohngebiet entdeckt. Der Fahrer hatte einen Umweg gemacht und über Nacht zu Hause bei seiner schwangeren Frau eine Pause eingelegt, um zu sehen, wie es ihr ging. Das war ja zweifellos sehr lieb von ihm, verstieß aber eindeutig gegen die Sicherheitsvorschriften und verzögerte natürlich die Lieferung erheblich.

Einmal wurde ich für kurze Zeit einem älteren deutschen Verkäufer zugeordnet, der immer etwas unwirsch war und sehr autoritär auf mich wirkte. Wenn die Verkäufer unterwegs bei den Kunden waren meldeten sie sich immer von dort aus, um zu erfahren, ob es irgendetwas Wichtiges gebe. Es gab ja noch keine Handys. Ich wunderte mich, dass mein Chef noch nicht erschienen war und auch nicht angerufen hatte. Am späten Vormittag ging dann das Telefon und er wollte eine Auskunft in einem sehr schroffen Ton. Ich fragte ihn, wo er denn überhaupt sei, denn es hatten schon einige Leute für ihn angerufen und ich konnte keine vernünftige Antwort geben. Seine Antwort lautete: „Mein liebes Kind, Sie träumen wohl!"

„Moment", antwortete ich: „das sind mindestens vier Fehler in einem Satz. Erstens bin ich kein Kind, zweitens bin ich nicht lieb und drittens bin ich auf gar keinen Fall Ihres. Träumen tu ich nur davon, vernünftig arbeiten zu können, aber dazu fehlen mir leider die notwendigen Informationen." Eine längere Stille machte sich am Telefon breit, dann räusperte er sich und fragte, wer denn angerufen habe. Wir machten weiter „business as usual". Wir sprachen nie mehr über diesen Vorfall, aber seitdem behandelte er mich wie einen erwachsenen klar denkenden Menschen und mehr wollte ich ja gar nicht.

Als ich meiner Freundin Luise davon erzählte, lachte sie und fragte dann besorgt, ob ich denn keine Angst hätte den Job zu verlieren. Ja natürlich, das hätte auch schief gehen können, aber ich verkaufte ja hier meine Arbeitskraft, aber nicht meine Würde, so fand ich. Außerdem wusste ich, dass sie im Moment nicht genug qualifiziertes Personal hatten, welches so ohne weiteres überall hätte einspringen können.

Einige Tage später wurde eine Vertretung der Chefsekretärin beim „allerhöchsten Tier" gesucht und alle Damen weigerten sich beharrlich. Die Sekretärin müsse für zwei bis drei Monate zur Kur und der Chef war außer sich, dass er keine Vertretung hatte. Die Kolleginnen versteckten sich hinter unerledigter Arbeit und allerhand schwerwiegenden Argumenten, die darauf hindeuteten, dass sie absolut unabkömmlich wären. Also wurde ich gefragt, ob ich das machen wolle. Na klar, wollte ich das.

Man bat mich ins oberste Stockwerk zu gehen und mich bei dem französischen P.D.G. vorzustellen (sprich PeDeGe – das Ge wie in Gelée), will heißen Président Directeur Général, also Generaldirektor. Er war wie aus dem Ei gepellt. Selten bin ich jemandem begegnet, der so derartig von sich selbst überzeugt war, so total selbstverliebt! Er kam wohl von einer dieser französischen Elitehochschulen, aus der alle wichtigen Politiker und Wirtschaftsbosse in Frankreich entstammen. Au weia, das konnte ja heiter werden. Aber Eliteschule hin oder her, ich sagte ihm, dass ich leider nur halbtags arbeiten könnte, aber er solle sich keine Sorgen machen, ich würde das schon hinkriegen.

Am nächsten Tag sagte er mir in einem sehr scharfen Ton, was ich zu erledigen hätte und nannte mir etwa fünf verschiedene Dinge gleichzeitig. Außerdem möchte er jetzt sofort mit Herrn X. telefonieren. Ich dachte nur, warum erzählt er mir, mit wem er telefonieren will, fragte aber nicht nach. Mir waren die damaligen Gepflogenheiten gar nicht klar und es hatte mich auch niemand informiert. Wenn der Herr mit jemandem telefonieren wollte, bedeutete das natürlich, dass die Sekretärin den entsprechenden Herrn anrufen musste und dann verbinden. Er fragte dann andauernd nach, ob ich dieses oder jenes schon erledigt hätte. Ich bat ihn darum, dass er mir die Prioritäten angebe damit ich wisse, was dringender sei und dann könne ich das ganz in Ruhe abarbeiten. Außerdem sagte ich ihm, je häufiger er nachfrage, desto schlechter käme ich voran, weil er mich jedes Mal bei der Arbeit störe.

Dann brüllte er mich an, dass er nun endlich mit Herrn X. sprechen möchte. Ich fragte ihn irritiert, was ihn daran denn hindere. Er warte darauf, dass ich ihn verbinde. „Ach so, ja gerne, was hat denn der Herr für eine Nummer?" Er drehte durch: „Ja, hat Ihnen das niemand erklärt?" Nein, das hatte mir in der Tat niemand erklärt. Dann fragte ich ihn, warum ich ihn eigentlich verbinden müsste, ob denn an seinem Telefon keine Tasten seien, mit denen er selber wählen könne. Das wäre doch das Einfachste und ich könne mich an die Erledigung der Aufgaben machen. Wutschnaubend verließ er sein Vorzimmer und verzog sich zum Telefonieren. Das hatte jedenfalls zur Folge, dass er ab diesem Zeitpunkt immer selbstständig telefonierte. Er war also lernfähig. Ging doch!

In den kommenden Tagen übergab er mir morgens meine Aufgaben und erklärte, welche dringend seien und welche weniger dringend. Ich erledigte alles schnell und effizient und wenn er mich nach einer halben Stunde an irgendeine Aufgabe erinnerte, die dringend sei, konnte ich schon längst Vollzug melden. So stellten wir uns langsam aufeinander ein.

Manchmal ruckelte es noch etwas, wenn er mich einem Besucher als „ma petite remplaçante" – „meine kleine Aushilfe" – vorstellte. Als der Besuch weg war, sagte ich ihm, ich sei weder besonders klein noch besonders jung, sondern ich gehe auf die 30 zu und möchte auf gar keinen Fall als kleine

Aushilfe vorgestellt werden. „Ich habe einen sehr schönen Nachnamen und den dürfen Sie bei so einer Gelegenheit gerne benutzen." Er schluckte, aber unterließ es fürderhin mich so herabstufend vorzustellen.

So allmählich gewöhnten wir uns aneinander und sprachen auch mal ein paar private Worte. Er war dringend auf der Suche nach einem Au-Pair-Mädchen, da seine Frau mit dem Baby alleine zu Hause sei, sich langweile und außerdem mit dem Kind überfordert sei. Wie traurig: seine Frau schwamm sicher im Geld, sie sah aus wie eine Barbiepuppe und ich dachte mir, wenn ich die ganze Zeit so dünn und schön sein müsste, wäre ich sicher auch überfordert. Meine Schwester hatte drei Kinder, wenig Geld, einen großen Haushalt und bewirtschaftete noch einen riesigen Garten – und sie war nicht überfordert. Mit was für merkwürdigen Menschen hatte ich es hier zu tun.

Die Angelegenheit sei also dringend. Ich hatte nun zufällig vorher bei einer Organisation gejobbt, die Au-Pair-Mädchen vermittelte. Dort rief ich an und bat die ehemalige Kollegin, mir mal die Unterlagen zuzusenden. Die angeforderten Papiere kamen prompt. Ich half ihm dabei sie auszufüllen. Er staunte Bauklötze. Auch sonst war er von meiner Effizienz sehr angetan und er sagte mir einmal, dass ich in einem halben Tag mehr erledigen würde als seine Sekretärin an einem ganzen Tag. Oh je, das tat mir natürlich leid für die Sekretärin, die ich nicht in Schwierigkeiten bringen wollte und die wohl sehr unter Druck stand. Sie verlängerte von Woche zu Woche ihre Kur, was ich gut verstehen konnte und was mir einen willkommenen Geldsegen bescherte.

Als sich jedoch das Ende meiner Vertretung bei ihm abzeichnete, sagte er mir, dass er sehr zufrieden mit mir sei und dass er mich gerne fest einstellen würde. Das freute mich natürlich sehr. Ich sagte ihm, dass ich gerne halbtags arbeiten würde, weil ich nebenbei noch promovieren möchte und dafür die restliche Zeit brauche. Aha, in welchem Bereich ich promovieren würde. Als ich Sprachwissenschaft erwiderte, fragte er, was man denn damit machen könne. Wahrheitsgemäß antwortete ich, dass ich das auch noch nicht wisse, aber es sei halt sehr interessant und der Rest werde sich dann schon finden. Er starrte mich an, als ob er mich für geistig umnachtet hielt. Aber gut, er riet mir mal zur Personalchefin zu gehen wegen der halben Stelle. Ich antwortete ihm, dass es da ein kleines Problem gebe, weil die Personalchefin leider generell keine Halbtagsverträge mache. Ich war schon mehrfach vorstellig geworden. Daraufhin stand er auf und stürmte verärgert in das gegenüberliegende Büro der Personalchefin. Mir war schon aufgefallen, dass das Verhältnis der beiden nicht zum allerbesten stand. Nach einer Weile kam er zurück und meinte: „Ich habe ihr kleines Problem gelöst. Sie bekommen die Halbtagsstelle. Wann wollen Sie anfangen?"

Ich überlegte kurz, es war Juli oder August und mit der mehrmonatigen Vertretung hatte ich für meine Verhältnisse ganz schön viel Geld verdient, das bestimmt bis Ende des Jahres ausreichte. Ich könnte womöglich nochmal ein paar Monate nach Barcelona fahren, das wäre ja nicht auszudenken. „Ab Januar nächsten Jahres", antwortete ich. „Warum nicht sofort?" wollte er wissen. „Weil mein Geld bis dahin ausreicht." Er war fassungslos, dass mir das Geld so wenig bedeutete und fragte sich, wie man so leichtfertig am Rande des Existenzminimums leben konnte. Aber er beschaffte mir wie gewünscht den entsprechenden Vertrag. Das war ein gutes Gefühl, zu wissen, dass ich wieder einen Job hatte, wenn ich dann nach Weihnachten aus Barcelona zurückkäme.

Nach der Rückkehr und einiger Zeit auf der begehrten Halbtagsstelle wurde mir aber klar, dass diese Erwerbsarbeit und die Arbeit an der Promotion nicht kompatibel waren. Insbesondere wenn ich nachmittags arbeiten musste, schaffte ich es nicht immer den Vormittag vernünftig zu nutzen. Ich verplemperte ihn mit ausschlafen, einkaufen, sauber machen und solchen Dingen, die ja auch sein mussten. Wenn ich vormittags arbeitete, musste ich sehr früh aufstehen und war dann, wenn ich nach Hause kam, hundemüde und legte mich erstmal hin. Nach der Siesta fand ich auch nicht immer den Weg zurück an den Schreibtisch. Mein Überleben war zwar gesichert, aber mein Promotionsprojekt drohte zu scheitern, wenn ich so weitermachen würde. Also bewarb ich mich um ein Stipendium. Als ich die Hoffnung schon aufgegeben hatte, kam tatsächlich doch noch eine Zusage von einer Stiftung und ich war selig.

Ich kündigte meinen Job und bat um die Ausstellung eines Zeugnisses. In dem Zeugnis stand, dass ich mich gut in die verschiedensten administrativen Aufgaben eingearbeitet hätte und dass auch die Kommunikation mit dem französischen Mutterkonzern aufgrund meiner sehr guten Sprachkenntnisse gut gelungen sei.

Ich suchte die französische Personalchefin auf und sagte ihr, dass ich Änderungswünsche an diesem Zeugnis hätte, denn ich hätte mich nicht gut, sondern sehr gut in alle Aufgaben eingearbeitet und meine Französischkenntnisse seien nicht *sehr gut*, sondern *ausgezeichnet*, weshalb die Kommunikation *außergewöhnlich gut* gelungen sei. Sie verzog keine Miene unter ihrer üppigen Makeup-Schicht und bat mich am nächsten Tag wieder zu kommen.

Ich hatte mich nämlich – was Zeugnisse anging – etwas belesen und gelernt, dass nur Superlative wirklich überzeugend sind und dass man auf jeden Fall Widerspruch einlegen sollte, wenn diese nicht verwendet würden. Tatsächlich fand ich dann mein Zeugnis mit den gewünschten Änderungen vor. Es war eigentlich nur ein Versuch gewesen, aber der hatte prima geklappt. Ich war wirklich überrascht. Es war mal wieder etwas aus der Abteilung „Unerschrockenheit siegt."

Dieses makellose Zeugnis sollte mir etwa 20 Jahre später noch gute Dienste leisten, als ich mich auf eine Professur bewarb, bei der es um fremdsprachliche Kompetenz im Bereich der Betriebswirtschaft ging. Ich konnte ohne weiteres glaubhaft machen, dass ich genau wusste, was junge Leute, die Betriebswirtschaft und Fremdsprachen studieren, für ihr zukünftiges Arbeitsfeld benötigen. Es hatte sich wieder einmal gezeigt, dass jeder auf Anhieb noch so unattraktive Job, sich später nochmal als eine nützliche Ressource entpuppen konnte.

MIT MEINEN NICHTEN IN PERPIGNAN

Im Herbst 1979 ging ich für ein knappes Jahr nach Perpignan, war dort als Sprachassistentin für Deutsch tätig und schrieb nebenbei dort meine Magisterarbeit. In dieser Zeit wurde mir und anderen Sprachassistentinnen von meiner Schule ein kostenloses Zimmer in einem Seitenflügel des Schulgebäudes zur Verfügung gestellt, welches ich auch dankbar annahm. Hier hatte ich wieder so eine Art WG mit den Assistentinnen aus Spanien, England und Australien. Ich nutzte mein Zimmer aber nur, wenn ich morgens sehr früh Unterricht hatte.

Ansonsten lebte ich hauptsächlich bei meiner Freundin Andreua und ihrem dreijährigen Sohn Sebastià in einer sehr kleinen Dreizimmerwohnung in der Innenstadt. Wir teilten uns den kleinen Haushalt, das Einkaufen und holten auch je nach Stundenplan abwechselnd den Kleinen aus dem Kindergarten ab. Wir wurden unzertrennlich und durch sie wurde ich in alle Bereiche der kleinen Stadt eingeführt.

Ich lernte ihre Familie kennen, Eltern, Geschwister und die Schwiegermutter, die häufig ihren Enkel am Wochenende zu sich nahm. Natürlich kam ich auch mit Andreuas Freundeskreis in Kontakt, teilweise auch mit ihren Arbeitskolleginnen. Es war wieder einmal eine völlig neue Welt, in die ich da eintauchte. Sprachlich imitierte ich meine Freundin derart, dass die Anrufer uns am Telefon nicht auseinanderhalten konnten. Diese Zeit würde auch ein eigenes Buch verdienen.

Hier feierte ich auch meinen 30. Geburtstag und nicht nur zu diesem Anlass kamen viele Freundinnen und Freunde aus Frankfurt zu Besuch. Bei uns war eigentlich immer etwas los.

Wenn wir keine Gäste hatten, fuhren wir auch mal gemeinsam in die Berge zu Andreuas Schwester und halfen dort bei der Weinlese zusammen mit ihren Geschwistern, Nichten, Neffen, Onkeln und sonstigen Verwandten und Bekannten.

Gelegentlich fuhren wir auch mal zusammen nach Barcelona, wo wir in der WG von Freundinnen übernachten konnten. Ich war die einzige Sprachassistentin, die Kontakt zu den Einheimischen pflegte, denn das war nicht so einfach, wenn man niemanden kannte, der einem den Zugang eröffnete. Auch nach meiner Zeit dort blieb Perpignan viele Jahre hindurch mein zweites Standbein und die Wohnung von Andreua mein zweites Hauptquartier. Sobald ich es möglich machen konnte, kehrte ich für ein paar Tage oder Wochen dahin zurück. Manchmal hatte ich noch einen Freund, eine Freundin oder eine meiner Nichten im Schlepptau.

Einmal fuhr ich mit meiner Nichte Heike und ihrem Freund Micki in meinem alten R5 von Frankfurt nach Perpignan. Es war Sommer und die Heizung des Gefährts ließ sich nicht abstellen. Also öffneten wir die Fenster, konnten dann aber nicht mehr schneller als 60 fahren, wenn wir nicht wegfliegen und uns noch unterhalten wollten. Irgendwie schafften wir es mit vielen Zwischenstopps und hatten trotz allem eine Menge Spaß.

Das Problem mit der Heizung verschärfte sich noch auf der Rückfahrt, denn ich hatte von meinem französischen Freund eine Kiste frisch gepflückter überreifer Pfirsiche bekommen, die im Fußraum des Autos, also genau unter der Heizung stand. Das bekam den Pfirsichen nicht so gut und wir kämpften im Wettlauf mit der Heizung um die Vernichtung der Pfirsiche.

Ein anderes Mal nahm ich meine Nichte Dagmar mit auf die Reise nach Perpignan. Sie war etwa 16 oder 17 Jahre alt und hatte in der Schule Französisch gelernt. Sie war auch schon öfter in Frankreich gewesen und freute sich sehr, dass ich sie mitnehmen wollte.

An die Fahrt erinnere ich mich nicht mehr, ich weiß nur, dass wir aus irgendeinem Grund nachts in Avignon strandeten. Der nächste Zug ging erst am nächsten Morgen. Geld für ein Hotel hatten wir nicht, oder wir wollten es nicht dafür ausgeben. Es war eine warme Sommernacht und wir beschlossen uns Avignon anzuschauen. Wahrscheinlich hatte jede von uns einen Rucksack und wir waren von daher mobil. Wir stapften durch das nächtliche Avignon, bis wir an einen sehr schönen Platz kamen. Vor den zahlreichen, leider schon geschlossenen Cafés standen noch die Stühle draußen. Wir suchten uns das Café mit den bequemsten Stühlen aus, stellten dann jeweils zwei Stühle zusammen, packten unser Gepäck in die Mitte und verbrachten dort die restlichen Stunden der kurzen Nacht. Wir taten dies mit großer Selbstverständlichkeit und völlig unaufgeregt. Wir waren entspannt und zufrieden.

Am nächsten Morgen nahmen wir unser Frühstück in dem Café ein, welches am zeitigsten öffnete. Danach trabten wir frohen Mutes zum Bahnhof und weiter ging es nach Perpignan. Zu dieser Zeit trug ich immer einen Wohnungsschlüssel meiner dort ansässigen Freundin mit mir herum, damit ich auch unangemeldet immer „nach Hause" kommen konnte. Auch das gehörte zu meinem Lebensgefühl, zu wissen, dass ich dorthin fahre, wo ich immer willkommen bin.

Bei meiner Freundin Andreua verlebten wir eine sehr schöne Zeit. Eines Tages kamen wir vom Strand zurück, wo wir mehrere Stunden zugebracht hatten, und stellten fest, dass es keinerlei Getränke im Haus gab. Wir hatten vergessen einzukaufen. So ein Mist! Ich war zwar durstig, aber eben auch müde und ich sagte, dass ich auch Leitungswasser trinken könne. Alles war mir lieber, als jetzt noch mal raus in die Hitze. Andreua stimmte mir zu, aber Dagmar meinte, dass sie doch gehen könne. Na prima, wir waren begeistert, gaben ihr den Korb mit dem Leergut, das Geld und eine Wegbeschreibung. Es war nicht weit, nur um zwei Ecken, höchstens fünf Minuten zu Fuß.

Wir duschten und legten uns hin. Nach einer Weile meinte meine Freundin, ob meine Nichte sich wohl verlaufen habe, oder ob ich denn nicht mal nachschauen wolle. Vielleicht sei ihr etwas passiert. Ich meinte trocken, dass die auf keinen

Fall verloren ginge, da sei ich mir ganz sicher. Nun ja, wir wechselten das Thema und vertieften uns in diverse Lektüren. Endlich, nach etwa einer Stunde (vielleicht auch länger), erschien Dagmar wieder auf der Bildfläche mit einem vollen Getränkekorb.

„Mensch, wo warst du denn so lange, wir haben uns schon Sorgen gemacht", sagte ich. „Ja", meinte sie, „gar nicht so einfach. Heute ist nämlich Sonntag, das Geschäft war zu und ich musste erstmal rauskriegen, wo der Besitzer wohnt und den dann davon überzeugen, dass er mir den Laden aufschließt und etwas verkauft."

Wir lachten Tränen und meine Freundin war sehr beeindruckt, dass so ein junges Mädel, allein im Ausland unterwegs, mit begrenzten Sprachkenntnissen, sich auf diese Weise durchschlagen konnte. Ich sagte, dass man sich um Dagmar sicher keine Sorgen machen müsse. Die würde ihren Weg gehen. Ja, und das tat sie, obwohl sie kein Widder ist, denn auch Schützen können so etwas.

LE RÉPARATEUR DE PARAPLUIES

Als ich im jugendlichen Alter Französisch lernte und dann auch mal in Frankreich war, fiel mir auf, dass es, wenn man an seinem deutschen Akzent erkannt wurde, immer Kommentare über das Kriegsgeschehen zwischen Deutschland und Frankreich gab, oder auch, dass die Leute einige Ausdrücke, die sie aus Kriegsfilmen aufgeschnappt hatten, unbedingt los werden mussten. Dazu gehörten zum Beispiel: „Halt!" „Achtung!" Mich hat das sehr gestört, dass ich als Deutsche immer noch mit einem Krieg in Verbindung gebracht wurde, den ich selbst ja Gott sei Dank gar nicht mehr erlebt hatte und über den ich leider nur sehr wenig wusste.

Um diesen Kriegsgeschichten zu entgehen hatte ich immer größten Wert darauf gelegt möglichst akzentfrei sprechen zu lernen, denn wenn ich als Deutsche unerkannt war, waren die Gespräche mit den Einheimischen viel netter und unbeschwerter. Ich weiß auch von Freundinnen meiner Generation, dass sie genauso reagierten. Ich nahm auch unvermeidlich und ungewollt immer gleich den Akzent der Region an, in der ich mich aufhielt.

Das tat ich auch, als ich 1979/80 wieder nach Perpignan ging, um dort für ein knappes Jahr zu leben. Meine Freundin Andreua integrierte mich in ihren Freundeskreis und schleppte mich auf alle kulturellen Events der Stadt. So gingen wir unter anderem auch zu einem Filmfestival ins Palais des Congrès, in dem katalanische Filme über den spanischen Bürgerkrieg gezeigt wurden. Das war sehr ergreifend.

Nach den Filmen standen wir meist mit einigen Bekannten noch draußen vor dem Gebäude und sprachen noch über die Filme. Ich wurde natürlich immer gefragt, wieviel ich verstanden hatte. Ich erwiderte meist, dass das Verstehen kein Problem sei, aber das aktive Sprechen des Katalanischen hingegen schon noch.

Einer der Umstehenden fragte mich, ob ich ursprünglich aus Katalonien käme oder katalanische Wurzeln hätte. Ich sagte ihm, dass ich Deutsche sei.

„Du sprichst ja phantastisch Französisch!" meinte er, „Ach ja, die Deutschen sind total stark in Fremdsprachen, das war schon früher so, während des Krieges." Ach nee, nicht schon wieder eine Kriegsgeschichte!

Er erzählte, dass es in Rivesaltes, einem Dorf in der Nähe von Perpignan, einen „réparateur de parapluies" gegeben habe, der in allen Häusern ein und aus ging und dort die Regenschirme reparierte. Nicht nur in dem Dorf, sondern auch in den umliegenden Dörfern kam er herum und lernte alle Leute kennen und natürlich auch einschätzen. Dann kamen die deutschen Besatzer und der besagte Schirm-Reparierer trat in einer deutschen Uniform aus dem Haus.

Was mit einem Kompliment über meine Sprachkompetenz begann, mündete in einer Kriegsgeschichte und wir schrieben doch inzwischen das Jahr 1980. Hörte das denn nie auf? Ich war vollkommen schockiert und verärgert. Diese Kriegsgeschichten machten mich fertig, ich war doch ein Nachkriegskind und hatte nichts damit zu tun. Ich beschloss auch fürderhin meinen Akzent so zu pflegen, dass ich nicht ohne weiteres erkannt wurde, was mir auch meist gelang.

In Katalonien war man den Deutschen gegenüber eher positiv eingestellt und ein solches Versteckspiel hinter einer akzentfreien Aussprache war dort gar nicht nötig. Aber ich war so daran gewöhnt, dass ich mir auch hier Mühe gab und mich freute, wenn ich nicht als Ausländerin erkannt wurde. Anfänglich hielt man mich öfter für eine Französin.

Leider enden einmal auch die schönsten Auslandsaufenthalte. Nach einem knappen Jahr in Perpignan kehrte ich nach Frankfurt zurück und stellte meine wissenschaftliche Abschlussarbeit fertig. Im Anschluss daran absolvierte ich alle Prüfungen zum Erwerb des akademischen Grades Magister

Artium. Die prüfende Professorin legte mir nahe bei ihr zu promovieren und schickte mich alsbald mit einem Stipendium nach Barcelona.

Ich vermietete meine Wohnung also wieder und brach auf nach Barcelona. Dort lief mir gleich in den ersten Tagen zufällig ein Frankfurter Kommilitone über den Weg, den ich nur flüchtig kannte. Ich fragte ihn, ob er nicht einen Tipp für meine Wohnungssuche hätte. Tatsächlich wusste er von einer Kommilitonin, die gerade ihr Zimmer bei einer Katalanin aufgegeben hatte und gab mir die Telefonnummer von Filo, meiner künftigen Vermieterin und Mitbewohnerin. Perfekt!

GRAMMICHELE –
EINE „DIENSTREISE" NACH SIZILIEN

Nachdem meine Mutter 1985 plötzlich und unerwartet nach einer Gallenoperation gestorben war, beschloss ich für ein paar Wochen zu meinem Vater zu ziehen, um ihn dabei zu unterstützen, sich an sein neues Leben ohne meine Mutter zu gewöhnen. Ich war gerade in der Endphase meiner Dissertation, packte die wichtigsten Sachen ein und war naiv genug zu glauben, dass ich mein Projekt auch bei meinem Vater weiterführen könnte.

Das ging aber gar nicht, denn er hatte immerzu dringende Angelegenheiten zu erledigen, bei denen ich ihm helfen musste. Es war sehr anstrengend, denn er war sehr fordernd und zwar täglich. Ich sah, dass mir die Zeit weglief und ich mit meinem Projekt nicht vorwärts kam –andererseits konnte ich ihm aber auch nur sehr schwer seine Bitten abschlagen. Als ich mir nach mehreren Wochen die Frage stellte, wie und wann ich meinen Aufenthalt beenden könnte, bekam ich einen Anruf von meinem alten Freund Manfred, der mir eine besondere Herausforderung bescherte und dafür sorgte, dass ich meinen Vater wenig später mit guten Argumenten verlassen konnte.

Nach dem üblichen Austausch der Höflichkeitsfloskeln und den Fragen nach dem Befinden, kam Manfred zur Sache. „Sprichst du Italienisch?" war seine Frage. Meine Antwort: „Ja, das hängt davon ab bis wann." „So bis in ein oder zwei Monaten," sagte er. „Ja, klar, bis dahin kann ich Italienisch," antwortete ich im Brustton der Überzeugung. Danach erklärte er mir, was für eine Aufgabe er für mich hatte, wie sie bezahlt wurde und bis wann ich sie ungefähr erledigt haben müsste. Das klang wie ein Traumjob für eine begrenzte Zeit, der mich auf andere Gedanken bringen und ein Taschengeld abwerfen würde.

Manfred war als Sozialarbeiter in einem Verein tätig, der es sich auf die Fahnen geschrieben hatte, junge Leute mit Migrationshintergrund aus der EU mit den Arbeitsbedingungen in den Heimatländern ihrer Eltern vertraut zu machen, ihnen Praktika in ihrem Ausbildungsberuf anzubieten und so eventuell dafür zu sorgen, dass sie sich wieder im Herkunftsland ihrer Eltern niederließen, das sie ja meist nur aus dem Urlaub kannten. Es herrschte damals noch die Idee, dass die sogenannten Gastarbeiter und ihre Kinder ihren Gaststatus wieder aufgeben und in ihre Heimat zurückkehren sollten. Die Bundesrepublik weigerte sich beharrlich ihre Rolle als Einwanderungsland zu erkennen und anzunehmen.

Meine Aufgabe war es nach Grammichele, einem kleinen Ort auf Sizilien, zu reisen und dort nach Praktikumsstellen für Schneiderinnen zu suchen. Außerdem erwartete Manfred einen Bericht über die Textilindustrie in der Region und die potenziellen Chancen junger Schneiderinnen auf dem dortigen Markt. Sehr interessant klang das, ich sagte natürlich sofort spontan zu. Er sandte mir noch Unterlagen zu, unter anderem auch eine Liste von Tätigkeiten, die die angehenden Schneiderinnen im Praktikum zu erledigen hatten wie beispielsweise Reißverschlüsse einnähen, Knopflöcher versäubern und dergleichen mehr.

Ich kehrte schon bald darauf nach Frankfurt zurück und suchte meine Freundin Luise auf. Ihre Mutter war Italienerin und Schneiderin und kam mir sozusagen wie vom Himmel geschickt. Mit ihrer Hilfe konnten wir die Arbeitsliste übersetzen. Luise formulierte mehrere sehr freundliche italienische Briefe an die angegebenen Kontaktpersonen, in denen mein Kommen und mein Anliegen angekündigt wurden.

Nun überlegte ich mir wie ich mich am besten sprachlich vorbereiten könnte. Ich kaufte mir ein kleines Taschenwörterbuch für die Reise und am Hauptbahnhof eine aktuelle Zeitung von Sizilien. Meine Grundkenntnisse des Italienischen waren natürlich vorhanden und mir war klar, worauf ich mich nun konzentrieren musste. Ich lernte zunächst den Vorstellungsbrief, den Luise geschrieben hatte, auswendig, so dass ich gut frei sprechend mein Anliegen vortragen könnte. Dann übte ich die wichtigsten Verbformen des Italienischen und schaute mir an, wie die Tempora gebildet wurden. Es war nur deshalb schwierig, weil ich mir merken musste, wie es sich vom Spanischen und vom Katalanischen unterschied. Es drohte mir alles durcheinander zu geraten. Aber ich war zuversichtlich, dass sich das nach ein paar Tagen geben würde. Ich musste mich schon sehr konzentrieren. Das Vokabular stellte andrerseits gar kein Problem dar.

So gewappnet buchte ich einen Flug nach Catania und machte mich schon bald auf die Reise. Es gab auch zu dieser Zeit noch kein Internet, in dem man sich über die Region hätte informieren können, oder in dem man Ansprechpartner hätte suchen können oder die Fahrpläne der öffentlichen Verkehrsmittel anschauen oder eine Unterkunft suchen. Es war ein richtiges Abenteuer, man musste alle praktischen Probleme vor Ort lösen und sich mit den Gegebenheiten spontan arrangieren, die man dort vorfand. Da ich schon öfter allein in Frankreich und Spanien unterwegs gewesen war, sah ich darin kein besonderes Problem. Das würde ich schon irgendwie hinkriegen. Und nur mit dieser Haltung ließ es sich auch managen, wie ich später erfahren sollte.

Bis zu diesem Zeitpunkt war ich nur äußerst selten und sehr ungern geflogen. Außerdem war ich schrecklich aufgeregt und dazu ganz allein. Aber das musste nun mal sein. Ich flog nach Catania – ich erinnere mich nicht mehr richtig daran wie ich mich da zurechtfand. Auf jeden Fall saß ich wohl irgendwann in einem kleinen Zug, der ins Gebirge tuckerte. Auch das war mir bis zu diesem Moment unbekannt gewesen, dass mein Zielort in den Bergen lag.

Als wir in Grammichele ankamen, folgte ich den übrigen Reisenden. Es gab anscheinend auch nur einen Weg und der führte über riesige Treppen nach oben in die Altstadt. Trotz leichten Gepäcks kam ich ganz schön in Schwitzen. Schließlich fasste ich mir ein Herz und fragte jemanden nach einem Hotel oder einer Pension. Die Auskunft lautete, dass es sich hier um eine Kleinstadt handele, wo es so etwas nicht gebe. Da müsse ich weiter in den nächsten Ort, aber der letzte Zug sei ja jetzt schon durch. Das war genau der, mit dem ich gekommen war. Au weia! Das fing ja gut an. Ich bedankte mich und überlegte, was zu tun sei.

In schwierigen Situationen erstmal entspannen und alte Gewohnheiten beibehalten, so sagte ich mir. Also steuerte ich das nächste Café an, bestellte einen Cappuccino und ging erstmal auf die Toilette. Ich setzte mich als einzige Gästin dann an den Tresen, um mit dem Besitzer, der einen ganz vertrauenswürdigen Eindruck machte, zu reden. Er servierte mir den Cappuccino und ich sagte ihm, dass ich gerade angekommen sei und ein Hotel oder eine Pension suche. Man habe mir gesagt, dass es so etwas nicht gebe und nun wüsste ich einfach nicht, was ich machen sollte. Er fragte wo ich herkäme und als ich aus Deutschland sagte, war er sehr erfreut, denn er war mit einer Deutschen verheiratet. Er rief sie an und gab mir den Hörer. Nun konnte ich mein Anliegen nochmal formschön auf Deutsch formulieren und die gute Frau sagte, dass ich mir keine Sorgen machen solle, denn ihr Mann würde eine Lösung finden. Ich bedankte mich sehr.

Anschließend führte der „Patrone" noch einige Telefonate, die ich natürlich nur rudimentär verfolgen konnte, aber ich wusste ja wovon er sprach. Schließlich meldete er Vollzug. Er erklärte mir, dass ich gleich abgeholt werde vom Sohn einer Familie, die eine Art „illegale" Pension betrieb. Wenn mir das nichts ausmachte, dass sie mir keine Rechnung ausstellen würden, dann wäre das in Ordnung. Mir fiel ein, dass ich in der sizilianischen Zeitung, die ich schon in Frankfurt gekauft und ausführlich studiert hatte, davon gelesen hatte, dass es überall in der Region illegale private Hausbauten gebe, was für einen Skandal gesorgt hatte. Diese Häuser waren von keinem Bauamt genehmigt und von keinem Katasteramt registriert worden. Sie schossen aus der Erde wie die Pilze. Als das überhandnahm, konnte man die Augen davor nicht mehr verschließen und musste diese Realität öffentlich diskutieren. Aha, ich war also mitten drin in diesem Skandal. In dieser Situation war es mir wirklich vollkommen egal, ob die Pension legal oder illegal war. Ich war heilfroh irgendwo unterzukommen, ein Bett mein eigen zu nennen und ein Abendessen in Aussicht zu haben. Der Pension war nämlich auch ein Restaurant angeschlossen, ob legal oder illegal habe ich lieber nicht erfragt, denn ich wusste, dass ich mir über mein leibliches Wohl keine Sorgen machen musste.

Schon bald kam der jugendliche Sohn der Familie, um mich zu meiner Unterkunft zu fahren. Das Etablissement war etwas gewöhnungsbedürftig. Ein riesiger Neubau am Hang, etwas außerhalb des Städtchens, an der Landstraße, vielleicht ein Zweifamilienhaus. Im Parterre war eine riesige Pizzeria untergebracht, im Kellergeschoss befanden sich die zu vermietenden Zimmer. Treppen, Flure und Wände waren alle durchgehend gekachelt. Das Zimmer war o.k. und auch weitgehend gekachelt, na ja, das ist im Sommer angenehm kühl und ansonsten leicht sauber zu halten, dachte ich mir. Leider musste ich zur Toilette über den Flur. Das war mir unangenehm, aber ich traf nachts zum Glück niemanden.

Es stellte sich nämlich heraus, dass ich nicht der einzige Pensionsgast war. Es wohnten dort ca. 10 Bauarbeiter, die gerade im Straßenbau in der Gegend beschäftigt waren. Ich sah sie dann beim Abendessen. Und was für ein Abendessen – mir fielen schier die Augen raus! Ich habe wirklich einen gesegneten Appetit, aber ich war überwältigt von dem Mengen an Pasta, die sie sich als Vorspeise genehmigten und danach folgte noch eine riesige Pizza. Selbst als einzelnes Gericht wäre mir jedes schon viel zu viel gewesen, aber ich hatte ja auch nicht den ganzen Tag im Straßenbau gearbeitet. Trotzdem war ich rechtschaffen müde von den vielen Eindrücken der Reise und dem

einstweilig erfolgreichen Ausgang dieses ersten Abenteuers.
Ich verzog mich also bald ins Bett, da ich als einzige Frau weit
und breit im Restaurant doch ziemlich angeglotzt wurde und
das war mir unangenehm.

In den folgenden Tagen bekam ich morgens im Restaurant
mein Frühstück und der Herr des Hauses befragte mich nach
meinen Plänen für den Tag. Ich sagte ihm, dass ich da und dort
Termine habe und mir dann noch den Ort anschauen wolle
und anschließend wieder zurückkäme. Ich erfuhr, dass mir
der jugendliche Chauffeur zur Seite gestellt wurde, um mich
zu den Terminen zu begleiten. Ich könne unmöglich alleine
in der Stadt herumlaufen und auf gar keinen Fall solle ich die
Landstraße entlang gehen, die zu meiner Herberge führte. Das
sei als Frau viel zu gefährlich.

Ich war natürlich daran gewöhnt überall herumzulaufen,
wo ich wollte und niemanden um Erlaubnis zu fragen darüber,
was ich zu tun und zu lassen hatte. Ich begriff die Tragweite
dieser Anweisungen zunächst gar nicht. Ich sollte aber schon
bald lernen, dass es besser war, sich hier anzupassen, denn
wenn frau allein unterwegs war, wurde sie unentwegt mehr
oder weniger plump angemacht und das war wirklich lästig
und wie mir mein Chauffeur sagte auch gefährlich.

Also wurde ich nun täglich von meinem Privatchauffeur zu
meinen Terminen gefahren und auch von dort wieder abgeholt. Den Rest der Zeit wurde ich mehr oder weniger in die
Familie aufgenommen. Ich ging mit den Frauen in den Garten
Gemüse ernten, spielte mit den kleineren Kindern und stand
den Erwachsenen so gut es ging Rede und Antwort. Mein
Italienisch war natürlich weit davon entfernt perfekt zu sein
und meine Sätze waren weder grammatisch wohlgeformt noch
formschön.

Ich konzentrierte mich darauf die wichtigsten Botschaften
herüberzubringen und ich konnte beobachten, dass es funktionierte: ich bekam das zu Essen, was ich gewünscht hatte,
ich vereinbarte die Termine und koordinierte sie mit meinem

Chauffeur. Ich konnte die Zeitung lesen, mich nach touristischen Zielen erkundigen, Vereinbarungen über meine Verweildauer treffen. Es klappte alles. Das war für mich entscheidend und höhere Ansprüche an grammatische oder phonetische Korrektheit hatte ich in dem Moment einfach nicht. Ich habe eine sehr kindliche Art Sprachen zu lernen und imitiere die Leute einfach, auch wenn ich noch nicht genau verstehe, was ich da sage. Das kam immer gut an.

Eines Nachmittags saß ich im Restaurant und machte meine Schreibarbeiten. Ich notierte wo ich wann gewesen war und mit welchen Ergebnissen und was ich noch in den nächsten Tagen plante. Hinter der Theke machte sich jemand von der Familie zu schaffen. Er wurde von jemand anderem gerufen: „Was machst du gerade?", er antwortete im sizilianischen Dialekt, dass er arbeite. Ich grinste zu ihm herüber und sagte: „ich auch." Er kriegte sich nicht mehr ein. „Sie versteht unseren Dialekt, sie versteht Sizilianisch!", rief er den anderen zu. Das wurde als Sensation gefeiert und ich bekam ein Glas Wein. Natürlich verstand ich den Dialekt nicht, aber situativ war mir klar, wovon die Rede war und ich konnte angemessen reagieren.

Danach befragt, wie lange ich noch bleiben wollte, sagte ich noch ca. 2 Tage und danach möchte ich noch etwas in Sizilien herumreisen und mir einige touristische Ziele anschauen. Nein, das ginge auf gar keinen Fall, dass ich allein im Land herumreise. Das sei viel zu gefährlich. Das könnten sie nicht zulassen. Sie hatten mich adoptiert.

Also wurde mein jugendlicher Chauffeur abkommandiert mich zu begleiten. Wir starteten morgens mit einem Lunchpaket, besuchten einige Sehenswürdigkeiten und kehrten abends wieder heim. Es war unglaublich, aber so richtig wird mir der Aufwand, den diese bezaubernde Familie mit mir betrieben hat, erst heute rückblickend klar. Ich nahm einfach alles dankbar auf und an. Ich fühlte mich sehr wohl und hatte nun eine sizilianische Familie. Dadurch, dass ich den ganzen Tag gezwungen war auf Italienisch zu kommunizieren, bekam ich immer mehr Übung und es lief immer flüssiger. Nach einigen Tagen fiel mir der Abschied wirklich schwer. Ich fuhr zurück nach Catania und von dort aus flog ich wieder nach Frankfurt. Ich war insgesamt 10 Tage unterwegs gewesen und konnte es nicht fassen, was für eine unglaublich intensive Zeit ich dort verbracht hatte.

In den nächsten Tagen meldete ich mich bei Manfred zurück, schrieb den gewünschten Bericht, übermittelte ihm alle wertvollen Adressen und bedankte mich für diesen wunderbaren Auftrag. Dann war es an der Zeit mich wieder in meine Dissertation zu vertiefen.

Als Manfred nach einigen Wochen wieder anrief und fragte, ob ich auch Türkisch könnte, lehnte ich einen neuen Auftrag lachend ab. Er verstand es zuerst gar nicht und meinte, dass es mit dem Italienischen doch auch toll geklappt hätte. Ja, aber Türkisch lernen ist nochmal ein ganz anderes Kaliber. Ich dankte ihm für sein Vertrauen, aber für diesen Job war ich nun wirklich nicht die richtige Person. Es ist auch gut seine Grenzen zu kennen.

Außerdem wollte ich jetzt meine Dissertation so bald wie möglich abschließen, ohne weitere Nebenschauplätze aufzusuchen. Mein Bedarf an Abenteuern war auch fürs Erste gedeckt. Es war also das Ende dieser Art von „Dienstreisen".

NURI UND NÚRIA SCHNEIEN MIR INS HAUS

Nuri ist die Abkürzung des weiblichen katalanischen Vornamens Núria, der in Katalonien recht verbreitet ist. Tatsächlich lernte ich schlagartig gleich zwei Trägerinnen dieses Vornamens kennen. Irgendwann (wahrscheinlich) im Sommer 1986 bekam ich einen Anruf von meiner Freundin Filo aus Barcelona, mit der ich ein knappes Jahr zusammen gewohnt hatte. Dass sie mich anrief war sehr ungewöhnlich, weil solche Anrufe damals nicht nur sehr teuer waren, sondern auch weil meine gute Filo im allgemeinen nicht sehr kommunikativ war und den Kontakt zu mir nicht so sehr pflegte. Das war eher meine Aufgabe. Ich staunte also nicht schlecht, dass sie sich meldete und fragte mich sofort, was wohl Außergewöhnliches passiert sein musste damit sie zum Hörer griff.

Sie erzählte mir, dass drei ihrer Freundinnen, Nuri, Núria und Cristina, die ebenfalls Deutsch studierten, in Kürze auf dem Weg zu einem Sommersprachkurs nach Erfurt seien und dass die Zugverbindungen so blöde seien, dass sie eine Nacht in Frankfurt verbringen müssten. Und da die Mädels ja wenig Geld hätten und auch noch große sprachliche Unsicherheiten, hatte sie gedacht, dass die doch bei mir übernachten könnten.

Ich rief ihr in Erinnerung, dass meine Wohnung winzig sei und dass ich leider an diesem Wochenende dringend wegfahren müsse zu einer Fortbildung. „Es ist doch nur für eine Nacht," insistierte sie und „das kriegst du schon irgendwie organisiert, auch wenn du wegfährst." „Ja, selbstverständlich, kriege ich das hin." Sie kannte mich gut und wusste, wo ich zu packen war. Mein Widerstand zerbröselte. Also ließ ich mir die Ankunftsdaten der Damen geben und versprach, sie am Bahnhof abzuholen.

Sie reisten zum Glück schon am Nachmittag an. Also holte ich sie mit meinem kleinen Fiat am Hauptbahnhof ab, erklärte ihnen, mit welcher Straßenbahn sie am nächsten Tag wieder zum Bahnhof fahren müssten und quartierte sie bei mir ein. Natürlich hatte ich vorher noch ein paar Nahrungsmittel eingekauft, die Sofas ausgezogen und mit Bettwäsche bestückt und Handtücher bereit gelegt. Die Besonderheiten der kleinen Wohnung und der Umgebung waren schnell erklärt. Ich übergab Ihnen einen kleinen Bund mit meinen Wohnungsschlüsseln, wünschte Ihnen viel Glück, gute Fahrt und viel Erfolg und machte mich nun meinerseits auf den Weg zu meiner Fortbildung.

Die drei Mädels waren total überwältigt, dass eine ihnen völlig unbekannte Person ihnen ihre Wohnung ohne weitere Umstände überlies und dachten sie wären in einem Film. Wir hatten uns insgesamt höchstens eine Stunde gesehen. Aber sie waren ja die Freundinnen meiner Freundin und damit ging das für mich in Ordnung. Tief beeindruckt reisten die drei am nächsten Tag nach Erfurt weiter. In der DDR waren Sprachkurse für Ausländer wesentlich preiswerter als in Westdeutschland, daher die Wahl des Reiseziels.

Als ich nach dem Wochenende wieder in meine Wohnung kam, fand ich alles wohlbehalten vor, den Schlüsselbund im Briefkasten und vergaß diese Episode schon bald wieder, denn der Alltag holte mich ein. Ich trug mich mit Umzugsvorbereitungen und die gingen mir im Kopf herum.

Nach knapp zwei Wochen meldete sich am Telefon Nuri und ich wusste sie zunächst mal gar nicht zuzuordnen. Sie erzählte mir, dass sie wieder in Frankfurt auf der Durchreise sei. Weil sie so schüchtern war, begriff ich erst nach einigem Hin und Her, dass sie auf der Rückfahrt war, und wieder eine Bleibe suchte. Also fragte ich, ob sie die Straßenbahn nehmen könne und wieder zu mir finden würde. Ich weiß nicht mehr, ob sie das bejahte, oder ob ich sie abholen musste. Jedenfalls kam sie wieder zu mir.

Ich hatte gerade Besuch von meiner Nichte Heike und sagte Nuri, dass sie ja schon mal zu dritt bei mir übernachtet habe und gerne bleiben könne, auch wenn es eng werde. Ich fragte sie, ob sie am nächsten Tag wieder zurückfahren müsse. Ich glaube, sie erklärte mir, dass ihre Fahrkarte noch länger gültig sei. Daraufhin bot ich ihr an, dass sie ruhig noch bleiben und Frankfurt kennen lernen könne. Sie nahm mein Angebot dankend an und erschien mir irgendwie erleichtert. Ich wunderte mich auch, dass sie schon nach zwei Wochen zurückgekommen war, denn der Sprachkurs sollte doch vier Wochen dauern. Sie meinte, es habe ihr nicht so richtig gefallen. Wenn ich mich recht erinnere, blieb sie noch eine Weile da und wir unternahmen allerhand zu dritt. Es war so, als ob wir uns schon immer kennen würden, wirklich ganz erstaunlich.

Im Haus und im Viertel änderten sich die Verhältnisse allmählich und auch die anderen Mitglieder der Wohngemeinschaft verfolgten ihre individuellen Projekte in der gleichen Weise wie ich meine Auslandsaufenthalte absolviert hatte. Ich war immer wieder zurückgekehrt, aber jetzt gab es Hinweise darauf, dass einige von uns ganz weggehen würden.

Schließlich wurde unser Viertel zum Sanierungsgebiet erklärt. Die offiziell als Mieter geführten Personen konnten für die Zeit der Sanierung Ersatzraum beantragen und auch hinterher wieder in die vorherige Wohnung zurückgeführt zu werden. Es ergab sich aber dann, dass Andi ohnehin nach Dortmund gehen wollte wegen einer Journalistenausbildung, Tommy war inzwischen in Italien und wollte auch dort bleiben und so hatte jeder seine Pläne. Meine Promotion stand kurz vor dem Abschluss und es war abzusehen, dass ich Frankfurt früher oder später verlassen müsste, wenn ich mich weiter im akademischen Umfeld bewegen wollte.

Angesichts dieser Lage legte ich keinen Wert darauf, unbedingt in diesem Haus zu bleiben und mich im Rahmen des Sanierungsplans umsetzen zu lassen. Es wusste ja auch niemand wie lange diese ganze Prozedur dauern würde. Also suchte ich mir eine neue Wohnung im gleichen Viertel, aber jenseits des Sanierungsgebiets.

BARCELONA -
WAHRSAGEREI IM NACHTLOKAL

Nuri war es auch, die mir Jahre später zu einer besonderen esoterischen Erfahrung verhalf. Während eines längeren Aufenthalts in Barcelona, erzählte sie mir, dass sie manchmal mit einer Clique zu einer Wahrsagerin ginge. Sie schilderte mir die unglaublichen Fähigkeiten dieser Frau, deren Vorhersagen sich bei vielen Freundinnen und Freunden bewahrheitet hatten.

Das machte mich natürlich neugierig und ich ging das nächste Mal auch mit. Wir, vier oder fünf Frauen von Mitte 20 bis Mitte 30, waren alle schrecklich aufgeregt. Für einige war es das erste Mal, dass sie mitkamen, genau wie bei mir. Nuri war schon dort gewesen und leitete uns auch dorthin. Das Etablissement lag im Raval, einem damals sehr heruntergekommenen Stadtviertel von Barcelona, wo es alle möglichen Bars und Nachtclubs gab. Es war mitten im Rotlichtmilieu und von daher für mich Landpomeranze ganz schön unheimlich und schaurig. Wir steuerten auf einen Nachtclub zu, der erst gegen 23 Uhr öffnete, der aber schon am Nachmittag von verschiedenen Hand- und Kartenlesern und dergleichen mehr als ein Ort der Wahrsagerei genutzt wurde.

Man musste Eintritt bezahlen und kam dann in einen weitläufigen Saal mit vielen Nischen, alles sehr kitschig dekoriert und gedämpft beleuchtet. Vorne war eine Bühne mit einem Vorhang und einem Treppenaufgang. Außer uns war noch niemand da, es war vielleicht 18 Uhr. Danach durften bzw. mussten wir Cocktails bestellen und konnten uns entscheiden, für welche Spezialität wir Karten kauften. Ich entschied mich für die Kartenleserin und für die Handleserin und bekam jeweils eine Nummer, die dann später aufgerufen werden sollte.

Das gesamte Ambiente war für uns, zumindest für mich, furchtbar aufregend. Wir tranken unsere Cocktails und die anderen erzählten davon, wie es das letzte Mal gewesen sei und jede bereitete sich innerlich auf ihre Sitzung vor.

Schließlich wurde ich aufgerufen, die Kartenleserin war hinter dem Vorhang auf der Bühne, die ich über ein paar Treppenstufen erreichte. Ich war überrascht von einer ganz bodenständigen älteren Frau (Kleid, Strickjacke, Marktkorb) empfangen zu werden, die so gar nicht in diese Nachtklubatmosphäre zu passen schien.

„Setz dich, was willst du wissen?" „Ich will wissen, wie mein Leben weiter geht, besonders die Beziehung zu meinem Freund." Sie mischte die Karten, ließ mich mehrfach abheben. Legte die Karten aus, legte verschiedene Muster, räumte die Karten wieder zusammen, mischte wieder, ließ mich erneut abheben und legte neu aus. Dann sagte sie etwa folgendes:

„Du wirst weggehen, ganz weit weg, nach Norden. Richtig weit, also in ein anderes Land, ich weiß nicht genau wo das ist, aber auf jeden Fall im Norden und viele hundert Kilometer von hier entfernt." Da ich ja schon im Norden (Deutschland) wohnte, fragte ich: „Werde ich denn nicht nach Süden umziehen?", denn ich hatte mir vorgenommen, in Kürze zu meinem Freund nach Südfrankreich umzuziehen, also ganz eindeutig nach Süden. Die Sache war für mich so gut wie klar. Es gab nur noch Einzelheiten zu regeln, die wir in Kürze besprechen wollten.

„Ja, du wirst umziehen, aber noch weiter nach Norden, ich weiß nicht warum und was du dort machst, aber du wirst sehr erfolgreich sein. Es wird alles nicht so einfach werden, aber du wirst das hinkriegen, daran besteht kein Zweifel." Ich fragte erneut nach: „Was ist mit meinem Freund oder mit der Liebe ganz allgemein?" „Tja", sagte sie: „also zumindest in der nahen Zukunft kann ich keinen Mann in diesem Blatt entdecken, auch später nicht." Sie mischte und legte erneut. „Also ich würde sagen in den nächsten zwei Jahrzehnten wirst du keine wichtige Beziehung zu einem Mann haben. Danach vielleicht, das kann ich jetzt noch nicht so genau erkennen. Aber in nächster Zeit, auf keinen Fall, das ist sicher."

Ich war platt und sprachlos, ging zurück an den Tisch, trank meinen Cocktail und sagte zu meiner Freundin Nuri, dass das hier ganz sicher der größte Blödsinn wäre, den ich je gehört hätte. Es sei doch total klar, dass ich bald nach Südfrankreich ziehen würde und diese Frau meint allen Ernstes, dass ich noch weiter nach Norden ziehen werde. Hat man je einen größeren Quatsch gehört. Ich war richtig sauer.

Dann kam eine recht junge Frau, fragte wer die entsprechende Nummer habe und leitete mich in eine der abseits liegenden Nischen. Sie schaute meine Hände lange an, fasste sie auch an und knetete sie und sagte nach einer Weile: „Du bist ein sehr offener Mensch mit sehr vielen Freunden. Du bist sehr zielstrebig in dem, was du tust und du wirst es weit bringen. Du wirst alles erreichen, was du dir vornimmst, aber es wird dir nichts geschenkt. Aber wenn du dir ein Ziel setzt, wirst du es auf jeden Fall erreichen. Was möchtest du noch wissen?" „Was ist mit der Liebe?" „Tja, da sehe ich eigentlich wenig. Zumindest in der nächsten Zeit sehe ich keinen Mann an deiner Seite, aber das kann natürlich später noch kommen. Jetzt im Moment kann ich dazu leider nicht mehr sagen."

Dazu fiel mir nichts mehr ein, keine weiteren Fragen. Da konnte man doch mal wieder sehen, was das alles für ein vollkommener Humbug war. Schließlich hatte ich mit meinem Freund schon verabredet, dass ich in Kürze zu ihm umsiedle und ich hatte sogar schon eine Stelle in Deutschland, die mir angeboten worden war, abgelehnt, weil ich mir ganz sicher war, dass ich nach Südfrankreich ziehen würde. Meine Wohnung wollte ich erst nach der erneuten Rücksprache mit meinem Freund kündigen und das wäre in wenigen Wochen.

Nach und nach kamen die anderen auch von ihren „Sitzungen" zurück. Wir tranken noch einen Cocktail, besprachen unsere Erlebnisse und waren alle sehr bewegt und/oder irritiert. Die erhaltenen Auskünfte, der ungewohnte Alkoholkonsum und das ganze Ambiente taten ihr Übriges. Wir zogen also höchst aufgekratzt von dannen. Ich war sehr aufgeregt und erklärte meiner Freundin, was das für ein Schwachsinn sei und ärgerte mich darüber, dass ich dafür auch noch Geld ausgegeben hatte.

Nuri war mit ihren Sitzungen ganz zufrieden. Sie sprach nicht darüber, war nachdenklich und zurückhaltend und meinte, dass die Frau, die mir die Karten gelesen hatte, schon wirklich sehr oft voll ins Schwarze getroffen hätte und ich solle doch erstmal abwarten. Ich winkte entrüstet ab. So einen Mist würde ich doch wirklich nicht glauben. Ganz wie mein Vater glaube ich nur die Dinge, die mir zweckmäßig erscheinen. Dieses aufregende Ereignis trat dann schon bald in den Hintergrund und wurde von mir – wie so Vieles andere – schnell verdrängt.

Ein paar Monate später traf ich meinen Freund – aus meiner Sicht, um die Sache perfekt zu machen. Wir trafen uns in Sête, einem wunderbaren südfranzösischen Fischerstädtchen, fielen uns stumm in die Arme und gingen am Hafen essen. Wenn man schon an einem Mittelmeerhafen zu Abend isst, dann greift man natürlich zu Fisch und Meeresfrüchten, dachte ich mir.

Unsere Unterhaltung kam schleppend in Gang und noch vor dem Nachtisch fühlte ich, dass meine Augen sehr stark juckten und anschwollen. Dazu befragt, wiegelte mein Freund ab: „non, non, c'est rien!" Nein, nein, da ist nichts. Komisch, aber ich spürte doch ein Brennen in den Augen und das Gesicht fühlte sich merkwürdig an.

Irritiert ging ich zur Toilette. Als ich in den Spiegel schaute, traf mich fast der Schlag. Meine Augen waren ganz dick zugeschwollen und schmerzten. Ich konnte kaum noch etwas sehen, für „rien" war das also ganz ordentlich. Ich geriet in Panik. Zum Tisch zurückgekehrt bat ich meinen Freund, mich sofort ins Krankenhaus zu fahren. Wir ließen den Nachtisch sausen, zahlten und fuhren unverzüglich los, nachdem man uns den Weg erklärt hatte.

Der Pförtner des Krankenhauses stieß einen Schrei aus, als

er mich sah und ich dachte wieder, na dafür, dass da absolut nix ist, ist er ja ganz schön aus dem Häuschen, zumal er in seiner Position ja bestimmt das ein oder andere Unerfreuliche zu Gesicht bekommt. Ich wurde auf eine Station begleitet, bekam sofort eine Spritze und ein Bett. In der Nacht kam die Nachtschwester alle Stunde vorbei, leuchtete in mein Gesicht, um zu sehen, wie sich die Schwellung entwickelte und ob ich noch atmete. Hier wurde das „nichts" ja doch sehr ernst genommen und es ist mir bis heute ein Rätsel, wieso mein Freund meinen Zustand dermaßen beschönigt hatte.

Als er mich am nächsten Tag abholte, sah ich immer noch schlimm aus und ich bat ihn, mir eine Sonnenbrille zu kaufen, denn so wollte ich nicht auf die Straße treten. Im Hotel angekommen legten wir uns erstmal beide ins Bett. Ich war angeschlagen und bei meinem Freund stellten sich wenig später Gallenkoliken ein, die immer heftiger wurden. Als ich ihn fragte, ob er sich nicht in der Apotheke etwas besorgen wolle, meinte er wiederum es sei nichts, er hatte also ebenfalls „rien". Mir war es rätselhaft, dass er unsere Krankheitszustände so konsequent herunterspielte. Unangenehm war aber, dass wir dadurch überhaupt noch so gut wie kein Wort miteinander gewechselt hatten und es gab doch so viel zu besprechen. Er schlief erstmal ein oder tat zumindest so.

Als ich mich etwas besser fühlte, zog ich mich an, nahm meine Sonnenbrille und ging am Meer spazieren. Das schien mir doch attraktiver als in einem dunklen Hotel herumzuliegen. Ich ging und ging und auf einmal flossen Tränen. Ich konnte mich nicht beruhigen und heulte anhaltend, ohne genau zu wissen warum. Das hatte ich mir doch alles ganz anders vorgestellt, ich dachte wir machen konkrete Pläne zu meiner Umsiedlung, aber ich spürte, dass da noch etwas Unausgesprochenes sein musste. Als ich schließlich nach etwa zwei Stunden, gefühlt waren es weit mehr, zurückkam, traf ich meinen Freund auf dem Parkplatz des Hotels in seiner Motorradmontur, bereit zur Abfahrt.

Er erzählte mir, dass wir das Zimmer verlassen mussten, weil es schon wieder reserviert war und dass er mir ein Einzelzimmer reserviert habe und meine Sachen auch dorthin gebracht habe. Er fahre jetzt wieder. Ich war fassungslos. Ich dachte wir hätten noch einiges zu besprechen. Er stützte seinen Kopf auf den Helm und ließ seinen Tränen freien Lauf, aber er brachte kein Wort heraus. Ich bin ja nicht auf den Mund gefallen, aber dazu fiel mir gar nichts ein. Dann setzte er irgendwann seinen Helm auf und fuhr los. Ich stand da wie ein Denkmal, rührte mich lange nicht und wähnte mich im falschen Film. Dann ging ich irgendwann auf mein Zimmer und weinte, bis ich nicht mehr konnte. Am nächsten Tag stieg ich in mein kleines Auto und fuhr zurück nach Hause. Ich glaube, ich weinte die ganze Strecke lang. Manchmal musste ich anhalten, da ich vor lauter Tränen die Straße nicht mehr sah. Von diesem Mann hörte ich nie wieder etwas und ich habe ihn auch nie wieder gesehen und von Meeresfrüchten habe ich seitdem auch Abstand genommen.

Er war übrigens Krebs. Im Nachhinein und aus der Distanz war ich natürlich heilfroh, dass aus unserem Projekt nichts geworden war. Er hat wahrscheinlich die Vorahnung gehabt, dass das mit uns beiden nicht gut gehen würde und heute glaube ich, dass er damit wahrscheinlich Recht hatte. Von daher also kein Grund nachtragend zu sein. Männlicher Krebs und weiblicher Widder erwiesen sich zumindest in meinem Leben als inkompatibel. Zu weiblichen Krebsen hingegen unterhalte ich tragfähige, langjährige Freundschaften.

Zu Hause angekommen war ich froh, dass ich – im emotionalen Überschwang – meine Wohnung nicht schon gekündigt hatte. Da der angebotene Job nun futsch war, musste ich mich nach einer Arbeit umsehen. Einige Monate später zog ich dann etwa 500 Kilometer weit nach Norden, da ich dort an der Uni Bielefeld einen Job ergattert hatte.

Es kam also alles ganz genau so, wie es meine Kartenleserin verkündet hatte. Ich zog nach Norden, war beruflich recht erfolgreich und war dann viele Jahre ohne eine feste Beziehung zu einem Mann. Auch die Handleserin hatte Recht behalten, denn ich war privat und beruflich eingebettet in ein dichtes Netz von Freundschaften unterschiedlicher Intensität und beruflich erreichte ich alle Ziele, die ich angestrebt hatte.

Unterm Strich erreichte ich später sogar weit mehr, als ich mir jemals hätte vorstellen können. Wirklich erstaunlich!!! In der Retrospektive betrachtet war dieser ganze Hokuspokus in dem Nachtlokal doch wirklich gar nicht so ohne und das brachte und bringt mich auch heute mal wieder ins Grübeln.

LA FURGONETA

Sabes conducir una furgoneta?" „Kannst du eine Furgoneta fahren?" fragte mich mein Kollege Juan Pedro, einer der Spanischlektoren unserer Fakultät. Er hatte – genau wie ich – eine befristete Stelle, die auslief. An einer anderen Uni, ca. 600 Kilometer entfernt, hatte er eine neue Stelle ergattert und musste nun seinen Umzug vorbereiten. Erst vor kurzem hatte er den Führerschein gemacht und traute sich so eine lange Strecke mit einem größeren Wagen noch nicht zu. Es muss Ende der 80er Jahre gewesen sein.

Ohne mich zu vergewissern, was denn eine „furgoneta" genau sei, stimmte ich – ohne zu zögern – sofort zu. Ich dachte, dass ich auf jeden Fall jedes beliebige Auto fahren kann, das mein Führerschein mir erlaubt, und machte mir keine weiteren Gedanken. Außerdem kannte ich den französischen Begriff „la fourgonette", der Lieferwagen bedeutet, aber auch schon kleine Kastenwagen wie ein R4 wurden oft so bezeichnet. Also dachte ich mir, dass furgoneta und fourgonette wahrscheinlich mehr oder weniger das gleiche seien, unterließ es aber, diesen Sachverhalt näher zu erforschen. Es gab augenscheinlich keinen Grund, warum ich das Gerät nicht hätte fahren können sollen. Die beiden Begriffe erwiesen sich aber in der Praxis als sogenannte „faux amis/falsche Freunde".

Als ich zum vereinbarten Treffpunkt, einer Autovermietung, kam, traf mich fast der Schlag. Dort stand ein riesiger LKW. Ich fragte Juan Pedro: „Eso es una furgoneta?"/ist das eine Furgoneta? Er bejahte und schaute mich sorgenvoll an. „Den kannst du nicht fahren?" Mir stand der Schreck wohl im Gesicht. „Darf man den mit einem Pkw-Führerschein denn überhaupt fahren?" Ich war wirklich erschlagen. Was hatte ich mir denn da eingebrockt?

Der Mann von der Vermietung kam hinzu und fragte, ob es Probleme gäbe. Ich verneinte und bat ihn, mir das Fahrzeug zu erklären. Wir stiegen ein und ich bekam einen schnellen Überblick über alles Notwendige. Mein Herz schlug mir bis zum Hals und mir zitterten die Knie, aber jetzt würde ich auf keinen Fall schlapp machen. Nachdem ich mich gefangen hatte, sagte ich zu Juan Pedro: „ok, wohin soll's gehen?" und setzte das Monster in Bewegung. Ich fuhr mit äußerster Konzentration und wunderte mich, denn es ging erstaunlich gut.

Nun hatte Juan Pedro mir noch weitere Überraschungen vorbereitet. Als erstes fuhren wir in ein Möbelhaus an den Stadtrand und dort musste ich mit dem Lkw rückwärts an eine Rampe heranfahren. Ich dachte, das kann doch wohl nicht wahr sein! Aber siehe da, es gelang. Ich wurde immer besser.

Dann fuhren wir zu seiner Wohnung, wo wir den Wagen vollständig beluden. Es zeigte sich bald, dass außer mir niemand Erfahrung in diesen Dingen hatte und ich koordinierte die Beladungsprozedur. Dann konnte es endlich losgehen und einmal auf der Autobahn war das alles nicht mehr so problematisch. Es lief gut.

Nach knapp zwei Stunden eröffnete mir Juan Pedro, dass es auf der Höhe vom Kamener Kreuz ein Ikea gebe, zu dem wir jetzt noch fahren müssten, denn er hatte da ein Bett bestellt, das er nun abholen wollte. Es war an einem Samstag, so gegen 14 Uhr. „Bist du wahnsinnig? Samstagnachmittag zu Ikea, das ist doch Selbstmord!" Er beschwichtigte mich, es würde nicht so lange dauern, da er ja nur etwas Vorbestelltes abholen müsse, ich könne ja solange den Lkw parken und auf ihn warten.

Hat jemand schon mal am Samstagnachmittag mit einem Lkw bei Ikea einen Parkplatz gesucht? Das ist unbeschreiblich. Ich war dem Wahnsinn nahe. An Parken war gar nicht zu denken, ich fuhr nur beständig im Kreis herum, ca. 2 Stunden lang, bis ich eine freie Fläche fand, die mehrere leere Parkplätze umfasste. Dort kam ich dann zum Stehen, machte den Motor aus, vertrat mir die Beine und schaute mir die Ladung an. Dann begann ich einiges auszuladen und umzuschichten, denn ich musste ja Platz schaffen für die neuen Möbel, die jetzt noch dazu kamen. Danach vertrieb ich mir die Zeit mit Essen und Trinken sowie Radio hören.

Schließlich, als ich die Hoffnung schon aufgegeben hatte, kamen Juan Pedro und Ulrike mit einem riesigen Rollwagen mit den frisch erstandenen Möbeln. Es gelang uns irgendwie diese noch in dem Wagen zu platzieren und auch den Rest wieder einzupacken. Dann begann eigentlich erst unsere lange Reise, die im Wesentlichen recht unproblematisch verlief. Ich gewöhnte mich an das Gefährt und bekam einige Routine. Alles war gut, bis wir dann endlich die Anschrift gefunden hatten. Es stellte sich heraus, dass ich dort den Lkw rückwärts in eine aus meiner Sicht sehr schmale Einfahrt fahren musste. Ich war nun ja auch schon müde und kurzfristig überfordert. Ich fragte, ob mich jemand vernünftig einweisen könne, aber die wussten nicht wie man so etwas macht. Dann kam Juan Pedros neuer Vermieter hinzu. Ich fragte ihn, ob er den Wagen einparken könne, aber er hatte eine unglaubliche Bierfahne, so dass ich es dann doch vorzog ihn zu fragen, ob er mich einwinken könne, und das konnte er immerhin recht gut. Ich schwitzte Blut und Wasser, aber ich kriegte das Monster in die Einfahrt.

Als ich aus dem Auto stieg zitterten mir alle Glieder. Selten im Leben habe ich mich so fix und fertig gefühlt. Aber dann musste ausgeladen werden, denn ich sollte den Lkw ja am nächsten Tag wieder zurückbringen. Also machten wir uns zu dritt an die Arbeit und brauchten knapp zwei Stunden fürs Ausladen. Mit dem letzten Stuhl, den ich ins Haus brachte, setzte ein Platzregen ein, wie ich ihn selten erlebt habe. Es schüttete wie aus Eimern und wir waren pünktlich fertig geworden. Wir freuten uns wie die Kinder.

Nun verlangte ich nach einer Dusche, bekam ein Handtuch und weitere Utensilien ausgehändigt und verschwand. So eine schöne warme Dusche kann Tote erwecken, mir tat es furchtbar gut und danach war ich wie neu und schon wieder zu Scherzen aufgelegt. Nachdem auch meine Reisebegleiter geduscht hatten, erkundigten wir uns nach einem Lokal in der Nähe und gingen noch etwas essen. Der Regen hatte inzwischen nachgelassen und wir konnten uns noch recht anständig in einem nahe gelegenen Wirtshaus stärken. Wir lachten viel und ich drehte nochmal so richtig auf, während die anderen beiden vor Müdigkeit fast vom Stuhl fielen.

In der Nacht schlief ich wie ein Stein und am nächsten Tag fuhren Ulrike und ich zurück und brachten den Monster-Lkw wieder zur Autovermietung zurück. Inzwischen fuhr ich ganz routiniert und war sehr mit meiner Performance zufrieden. Seitdem habe ich dann allerdings immer sehr genau nachgefragt, worum es sich denn genau handele, wenn jemand mich um einen Gefallen gebeten hat.

SURSEE – EINE GANZ BESONDERE ERFAHRUNG: ELVIRA MARIA

Elvira Maria lernte ich Ende der 90er Jahre in einem Workshop zur Gewaltfreien Kommunikation bei dem unglaublich charismatischen Marshall Rosenberg in der Schweiz kennen. Wie in der Schweiz nicht anders zu erwarten, war es sehr teuer, aber ich habe nicht eine Mark bereut. Es war eine tiefgreifende Erfahrung, die mir in vieler Hinsicht neue Perspektiven eröffnete. Viele sehr nette Menschen nahmen teil und der Tag war angefüllt mich angenehmen Gesprächen und dem sehr intensiven Workshop.

Am Ende solcher Veranstaltungen steht meist – so auch hier – eine Verabschiedungsrunde, wo jede/r nochmal kund tut, wie es ihr/ihm gefallen hat, was sie/er gelernt hat und was in Zukunft unbedingt in den eigenen Alltag integriert werden sollte. Auch welche Fragen noch offen geblieben sind war Gegenstand der Abschlussrunde. Ich sagte unter anderem, dass ich mich gerade so wohl fühlen würde in diesem Ambiente, dass ich eigentlich überhaupt keine Lust hätte nach Hause zu fahren und wieder in meinen normalen Alltag einzutauchen.

Anschließend gingen wir zu unserer letzten gemeinsamen Mahlzeit. Man musste eine sehr enge Stiege hinunter. Unten am Fuß der Treppe erwartete mich schon Elvira Maria, mit der ich mich bis zu diesem Zeitpunkt noch so gut wie gar nicht unterhalten hatte. Sie sagte mir, wenn ich keine Lust hätte nach Hause zu fahren, könne ich gerne noch ein paar Tage mit zu ihr kommen. Ich dürfte aber keine besonderen Ansprüche haben, denn bei ihr sei alles sehr einfach. Sie war sehr bunt gekleidet und hatte extrem hellblonde Haare und machte insgesamt einen quirligen Eindruck. Ich fand sie interessant.

Überrascht und erfreut sagte ich sofort zu. Wir gingen zusammen zum Essen, danach begann bei ihr eine langwierige Verabschiederei mit tausend Umarmungen und dann gingen wir zum Bahnhof und fuhren gemeinsam nach Sursee, wo Elvira damals wohnte.

Im Zug lernten wir uns eigentlich erst richtig kennen und überreichten uns dann auch unsere Visitenkarten. Auf ihrer war in goldener Schrift auf cremefarbenem Hintergrund Folgendes zu lesen: Elvira Maria vom Gold. „Wow! Toll", sagte ich und überreichte ihr meine. „Auch nicht schlecht", meinte Maria: „Professor Doktor!" „Ja", sagte ich „alles selbst gemacht!" „Ich auch", gab sie zurück. „Wie???", ich war irritiert.

Sie erklärte mir, dass sie sich mit ihrem Vater nie verstanden habe und deshalb nicht seinen Namen tragen wolle. Sie habe beschlossen, dass sie etwas Besseres verdiene und habe sich deshalb diesen Namen ausgesucht, der ihr – nach all den negativen Erfahrungen in der Kindheit – nun wirklich zustehe. Sie unterschrieb damit ihren Mietvertrag, ihren Arbeitsvertrag und behandelte ihn wie einen ganz authentischen Namen.

Ich beeilte mich nun zu erklären, dass in meinem Falle die Information „alles selbst gemacht" sich nicht auf die Visitenkarte beziehe, sondern auf den Erwerb der entsprechenden akademischen Titel. Sie lachte und meinte, dass sie das schon kapiert habe, aber selbst, wenn es – wie bei ihr – frei erfunden wäre, fände sie es trotzdem eindrucksvoll. Diese Frau hielt ja wirklich Überraschungen für mich bereit. Aber dabei blieb es nicht.

In Sursee angekommen gingen wir zu einem ganz kleinen Häuschen in einem verwunschenen Garten. Sie öffnete die Gartentür und bat mich herein. Dann meinte sie, dass sie mal eben durch den Garten gehen wolle und sehen, ob sie etwas für das Abendessen ernten könne, ich solle derweil schon mal hoch gehen in ihre Wohnung. „Ja, gerne", antwortete ich, „aber dann solltest du mir aufschließen." Nein, nicht nötig, das Haus sei immer offen.

„Was? Du warst jetzt fast eine Woche weg und hattest dein Haus nicht abgeschlossen?" Nein, sie schließe nie ab, denn falls mal Freunde kämen, könnten die dann ja nicht rein, wenn es zum Beispiel gerade regne. So könnten sie hochgehen, sich einen Tee machen und den Regen abwarten. Ich war erstaunt, falls man damit das richtige Wort trifft.

Also gut, ich ging eine enge Treppe hoch und stand in einer hellen kleinen Wohnung, die mit sehr vielen Tüchern und kleinen Buddhistischen Altären geschmückt war. Das Ikea-Regal war wie meines. Ansonsten war alles sehr bunt. An einer Stelle stand ein aufgeschlagenes Buch, ein Reiseführer, mit einer Ansicht von Buthan. Ich hatte bis zu diesem Zeitpunkt noch nie von einem Land gehört, das so hieß und fragte mich, warum das Buch hier an so prominenter Stelle stand und aufgeschlagen war.

Als Elvira Maria mit Salat und Gemüse aus ihrem Garten kam, fragte ich sie sofort, was es denn damit auf sich hätte. Sie erklärte mir im vollen Ernst, dass sie davon überzeugt sei, daher zu stammen und durch irgendwelche Reinkarnationen dann später in der Schweiz gelandet sei. Alles, was sie über dieses Land wisse, fühle sich total heimisch bzw. heimatlich an und sie müsse unbedingt mal dahin zurück. Ich kam aus dem Staunen nicht heraus.

Abends fragte ich sie, ob denn mit der offenen Haustür tatsächlich noch nie etwas passiert sei und ob sie die tatsächlich immer offen lasse. Sie sagte mir, dass sie in all den Jahren, in denen sie dort wohne, nur einmal ein komisches Gefühl gehabt habe und dann abgeschlossen habe. Genau in dieser Nacht sei dann jemand gekommen und habe an die Tür gehämmert, weil er rein wollte. Aber niemals vor und niemals nach diesem Ereignis habe die das Bedürfnis gehabt abzuschließen. Ich bat sie jedenfalls für den Zeitraum meiner Anwesenheit doch bitte abzuschließen, was sie völlig in Ordnung fand.

Wir aßen zu Abend, plauderten noch lange und ich blieb noch einige Tage. Später besuchten wir uns dann regelmäßig gegenseitig. Sie war einfach erfrischend und erzählte immer wieder erstaunliche Dinge. Was mich etwas besorgte war ihre prekäre Existenz, denn sie arbeitete an einer Institution, die in

Kürze Leute würde entlassen müssen. Sie hatte sich freiwillig gemeldet als eine der ersten zu gehen, ohne dass sie eine neue Perspektive gehabt hätte. Sie meinte, sie habe sowieso das Gefühl, dass ihre Zeit in diesem Job vorbei sei und dass es an der Zeit wäre, zu neuen Horizonten aufzubrechen. „Aber wovon wirst du denn dann leben?", fragte ich besorgt. „Ach, mach dir keine Sorgen, das Universum wird für mich sorgen." Nun machte ich mir erst recht Sorgen, denn bei mir hatte sich das Universum noch nie gemeldet, wenn ich Geld brauchte.

Eines Tages sagte ich ihr, dass ich furchtbar gerne Ski fahre und im Winter gerne einen Skiurlaub machen würde. Ob Sie als Schweizerin da nicht einen heißen Tipp habe. Sie meinte sofort, dass sie Freunde habe, mit einer Hütte in den Bergen, die sie kostenlos haben könnte. Allerdings sei die Hütte etwas abgelegen, man müsse selber Holz hacken und einheizen und warmes Wasser gebe es wahrscheinlich auch nicht. Oh, nein, ein Albtraum! Ich erklärte ihr, dass ich aus dem Alter heraus sei, wo man sich beim Skiurlaub mit primitiven Behausungen begnüge. Ich möchte ein eigenes Bett und eine Toilette und ich möchte, wenn ich abends von der Piste komme, die Beine unter einem gedeckten Tisch ausstrecken.

„Ich kenne da auch ein ganz tolles Hotel in Kandersteg, in der Schweiz. Da war ich mal mit Elisabeth, die es ausgesucht hatte, weil es über ein Schwimmbad verfügte. Nachdem wir rausgekriegt hatten, dass die Mehrheit der Leute um Punkt 19 Uhr zum Abendessen antrat, gingen wir genau zu diesem Zeitpunkt in das Schwimmbad und waren meist alleine. Das war wirklich toll. Wir gingen dann um 20 Uhr gewaschen und gebügelt zum Abendessen und da war es dann auch nicht mehr so voll. Ein Genuss!"

Dieses Hotel versprühte im Übrigen den Charme alter Zeiten. Es war mit roten Samtvorhängen und roten samtbezogenen Polsterstühlen und tollen Kronleuchtern ausgestattet. Man sah ihm an, dass es mal bessere Tage gesehen hatte, es gab einen gewissen Modernisierungsstau, aber ich fand es immer noch richtig spitze. Das Abendessen empfand ich immer als ein ganz besonderes Ritual. Man saß an fest zugewiesenen Tischen. Es gab nicht etwa ein Buffet, sondern am Tisch wurde ein Menu mit mehreren Gängen unter silbernen Cloches serviert, die dann alle gleichzeitig abgehoben wurden. Das fand ich irgendwie erhebend. Nur den Nachtisch und den Käse konnte man sich selbst am Buffet holen.

„Ja", meinte sie, „aber dann kann ich nicht mitkommen, ich habe ja gar kein Geld." „Doch", antwortete ich: „wir fahren statt zwei Wochen nur eine und ich lade dich ein." Ob ich das ernst meine? Und ob! Sie freute sich wie ein Kind und überlegte sich sofort, wie man sich in so einem Hotel denn wohl kleiden müsse. Das war für mich ein absolut nachrangiges Problem, man war ja den überwiegenden Teil des Tages in Ski-Klamotten, da reichte es doch, wenn man ein oder zwei Dinge für den Abend mitnahm und diese dann wechselte, zumindest fand ich das. Ich fuhr ja nicht zur Modenschau, sondern zum Skifahren.

Wir fuhren also nach Kandersteg in dieses wunderbare Hotel, an dessen Namen ich mich leider nicht mehr erinnere. Elvira Maria konnte ihr Glück kaum fassen. Sie lief überall herum und staunte und freute sich. Sie hatte einen Haufen Kleider dabei und zog sich andauernd um. Es macht Spaß mit jemand in Urlaub zu fahren, der alles so richtig genießt. Ich war hochzufrieden über diese gelungene Überraschung, die ich ihr bescheren konnte und freute mich sehr. Wir lernten auch nette Leute kennen, zu denen ich noch bis heute Kontakt habe.

Eines Abends, in Erwartung des Menus, schaute Elvira Maria sich im ganzen Saal um, hob hervor wie toll sie das alles fand und am allermeisten, dass sie an diesem Luxus teilhaben dürfe. Dann sagte sie: „Siehst Du Ela, Du machst Dir immer so viel Sorgen um materielle Dinge, ich habe überhaupt kein Geld – aber schau mal, wo ich mich gerade befinde! Das ist doch herrlich. Ich fühle mich wie eine Prinzessin. Man muss dem Universum einfach vertrauen." Ich war sprachlos, denn das Universum war wohl im Moment ich.

Elvira Maria feierte dann an ihrem 40. Geburtstag ein großes Fest. Auf der Einladung hatte gestanden, es gebe eine Überraschung. Sie fragte dann in die Runde, ob wir uns vorstellen könnten, worin denn die Überraschung bestehe. Es begann ein großes Raten und schließlich erriet eine der Geladenen, dass Elvira Maria sich wieder umbenennen wolle. Ja, Elvira Maria vom Gold sei für eine begrenzte Zeit für sie wichtig und richtig gewesen, aber nun möchte sie wieder bodenständiger werden und deshalb wolle sie ab sofort Maria Müller heißen. Es gab ein Riesengelächter! Ich hatte sie bis dahin Elvira genannt und es fiel mir einigermaßen schwer mich umzustellen.

Dann schloss sie sich einer Gruppe an, die gemeinsam ein altes leerstehendes Schloss mieten oder kaufen wollte. Die Beteiligten waren in etwa so finanzkräftig wie Maria, aber alle glaubten fest an ihr Projekt und nahmen es tatsächlich in Angriff. Das Universum war mal wieder gefordert, aber ich hielt mich diskret zurück und so unglaublich es klingt, sie schafften es tatsächlich.

Laut Maria sorgte das Universum danach noch dafür – dass zuerst ich, dann auch sie – jeweils einen passenden Ehemann fanden. Heute lebt sie auf einer kanarischen Insel und schiebt jede Menge Projekte an. Sie berichtet mir gelegentlich davon – wie immer total begeistert. Das Universum steht ihr weiterhin tatkräftig zur Seite und heißt jetzt Max.

NÜRNBERG HAUPTBAHNHOF –
EINE MAGISCHE BEGEGNUNG

Im Hauptbahnhof Nürnberg musste ich wie immer umsteigen, um den Zug nach Stuttgart zu nehmen. Ich hatte immer reichlich Zeit und ging meistens in die Bahnhofshalle hinunter und kaufte mir bei „Mister Vital" einen Salat, einen Obstsalat oder eine Quarkspeise und ging dann wieder hoch auf das entsprechende Gleis, wo der Zug schon wartete, denn er wurde hier eingesetzt. An diesem Tag jedoch beschloss ich, dass ich mir irgendetwas Nettes im Bistro erlauben würde und unterließ also die Rennerei nach unten und wieder herauf.

Ich war vor etwa einem Jahr umgezogen und hatte mir auferlegt mindestens ein Jahr lang nicht in meine alte Heimat zu fahren, damit ich gezwungen sei, in meiner neuen Umgebung Kontakte zu knüpfen. Das war mir geglückt und deshalb gönnte ich mir jetzt mal wieder die Fahrt. Schon bei Abfahrt hatte ich mich mit einer Tüte Gummibärchen belohnt für die lange Durststrecke, die ich hinter mich gebracht hatte. Ich war also bester Laune, da ich nach langer Zeit mal wieder meine Freunde in meiner ehemaligen Wahlheimat besuchen fuhr.

Ich lief auf dem Bahnsteig herum, als der lange – schier nicht enden wollende – Zug einfuhr und hielt Ausschau nach dem Bistro. Da kam ein Mann den Zug entlang, der in jeden Wagen einen Blick hineinwarf. Als er auf meiner Höhe ankam, fragte ich ihn, ob er zufällig das Bistro gesehen hätte. Nein, er suche den Wagon mit seinem reservierten Sitzplatz.

„Was, Sie haben in diesem Zug einen Platz reserviert? Der ist doch immer total leer!" „Ja, das wusste ich ja nicht, ich bin ja seit etwa 30 Jahren nicht mehr Zug gefahren." Meine Güte, von welchem Planeten kam der denn? Dann meinte er, aber dass er eben gelernt habe, dass es so Anzeigetafeln gebe, auf denen man nachschauen könne, wo die einzelnen Wagons platziert seien. „Ach ja", sagte ich, „das nennt man übrigens Wagenstandsanzeiger! Danke, dass Sie mich daran erinnern!" Schnurstracks ging ich auf einen solchen zu, der in der Nähe war, und erkannte, in welche Richtung ich laufen musste. Hinter mir meldete sich eine Stimme: „Und haben Sie es gefunden?" „Ja, natürlich", antwortete ich: „Ich bin ja nicht blöd!" Wir grinsten uns an, ich bedankte mich nochmal für den Tipp, dachte kurz, dass der ja ganz nett zu sein schien und irgendwie lachende Augen hatte, drehte mich dann aber auf dem Absatz um und strebte in Richtung Bistro.

Als ich auf der Höhe des Bistrowagons ankam erklang wieder die gleiche Stimme wie vorhin. „Is das des Bischtro? Kann man da neisitze?" Oh Schreck, ein Schwabe, auch das noch. Ich antwortete, dass ich doch sehr hoffe, dass man sich da drin hinsetzen könne. „Könnte ich da mitkommen?" wollte er nun wissen. „Hören Sie mal, das ist ein öffentlicher Ort, genau wie eine Kneipe oder ein Café, da können Sie natürlich auch reinkommen. Das könnte ich Ihnen wirklich nicht verbieten." Er antwortete: „Nee, ich hab gemeint, vielleicht darf ich mich an Ihren Tisch setzen und wir könnten was zamme schwätze (also zusammen reden)." „Ach, so, klar, ja, können wir machen." Ich fand ihn etwas komisch, aber auch irgendwie witzig und dachte, dass ich genauso gut mit dem quatschen könnte wie ein Buch lesen. Da wäre die Fahrt noch schneller vorbei und ich war ja voller Vorfreude.

Wir suchten uns einen Tisch und ich sah, dass das Rollo vom Verkaufsstand noch geschlossen war. Ich setzte mich also so, dass ich das im Blick behielt, denn ich hatte ja Lust mir etwas Schönes zu gönnen. Nachdem wir uns niedergelassen hatten meinte mein neuer Reisegefährte: „Also, bevor wir uns unterhalten, möchte ich noch sagen, dass es Leute gibt, die finden, dass ich zu viel rede. Wenn Ihnen da was auffällt oder Sie nicht zu Worte kommen, dann sagen Sie einfach – halt's Maul!" Ich lachte und sagte: „Machen Sie sich keine Sorgen, das hätte ich sowieso gemacht." Nun lachte er. Das fing ja gut an.

Er erzählte mir, dass er mit dem Motorrad nach Dresden gefahren sei und dass dieses dann dort kaputt gegangen sei. Es konnte nicht sofort repariert werden und deshalb sitze er jetzt im Zug. Ich betrachtete seine Kleidung und meinte: „Das sind aber keine Motorradklamotten, die Sie da tragen." Erstaunt blickte er auf und sagte: „Nein, natürlich nicht. Im Zug trag ich doch keine Motorradklamotten. Die sind in Dresden bei meinen Verwandten." Aha, das konnte natürlich sein.

Ich sah, dass das Bistro öffnete und wies ihn darauf hin, dass hier Selbstbedienung herrsche und dass ich mir jetzt etwas holen würde. Ich fragte ihn, ob ich ihm etwas mitbringen solle. Er sprang gleich auf und meinte: „Um Himmelswillen, ich lass mich doch nicht von einer wildfremden Frau einladen! Selbstverständlich hole ich die Getränke und lade Sie ein." Na, dann halt so rum.

Etwas konservativ erschien mir der Knabe, aber bitte, wenn er es so wollte, dann sollte er mir einen Tee und ein Wasser mitbringen. Er bestellte für sich ein Wasser und einen Rotwein. Jetzt stand er also mit einem Tee, zwei Wasserflaschen, einer kleinen Rotweinflasche und diversen Gläsern da und schaute sich suchend um. Ich rief ihm zu, dass die im Bistro ein Tablett ausleihen, wenn man nett darum bittet. Das tat er und dann kam er mit dem prall gefüllten Tablett zurück an unseren Tisch.

Der Zufall wollte es, dass der Zug genau da eine ziemlich enge Kurve fuhr, so dass er ganz schön jonglieren musste und seine gesamte Beute in letzter Sekunde auf unseren Tisch aufsetzen konnte. Er grinste mich an: „Na, hab ich das nicht toll gemacht?" wollte er wissen. „Ja", antwortete ich: „Sie scheinen ja überhaupt ein ganz toller Hecht zu sein." „Genau", meinte er, „Aber wissen Sie, was das Dramatische ist? Keiner merkt das!" ich antwortete: „Ja, das kenne ich nur zu gut, ich bin auch ganz toll und das interessiert niemanden." Dann lachten wir schallend.

Es entspann sich dann ein munteres Gespräch, in dem er ohne weiteres 80 Prozent des Redeanteils hatte, aber es störte mich nicht, denn ich bremste ihn, wenn ich unbedingt etwas sagen wollte. Ruck zuck waren zwei Stunden herum und er musste aussteigen. Er war mir so sympathisch, dass ich mich zurückhalten musste, denn am liebsten wäre ich mit ihm ausgestiegen. Aber die Angst vor irgendwelchen Komplikationen hielt mich zurück.

Er meinte, dass er in etwa zwei Wochen wieder nach Dresden fahren müsse, um das Motorrad abzuholen und vielleicht würden wir uns dann ja wieder im Zug treffen. „Nee, man muss schon wissen, was man will", sagte ich: „Wenn wir uns wiedersehen wollen, da gibt es so kleine Zauberinstrumente, da gibt man eine Nummer ein und dann kann man miteinander reden. Das wäre einfacher als auf den Zufall zu hoffen. Wir sollten in dem Fall also unsere Telefonnummern austauschen."

„Ja, also gut, ich gebe Ihnen meine Nummer." Ich wies noch darauf hin, dass „austauschen" bedeutet, dass jeder dem anderen seine Nummer gebe. „Ja, schon, aber ich muss Ihnen gestehen, ich bin etwas schüchtern. Ich würde nie anrufen." Ich dachte, ich höre nicht recht. Der und schüchtern? Der quatschte mich seit zwei Stunden voll ohne Luft zu holen und jetzt war er plötzlich schüchtern? „Na gut, also ich bin jedenfalls kein bisschen schüchtern. Dann rufe ich halt an." Wir überreichten uns die Zettel mit unseren Telefonnummern, standen auf, umarmten uns ganz flüchtig und dann stieg er aus.

Ich blieb wie elektrisiert zurück. Was hatte denn da gerade stattgefunden? Sehr unterhaltsam und sehr witzig war dieser Mann und wir waren uns eigenartig vertraut. Sehr komisch. Meine Fahrt ging weiter und knapp zwei Stunden später – zu vorgerückter Stunde – kam ich bei meinen Freunden an. Wir tranken noch einen Wein und redeten über dies und das, aber ich sagte kein Wort von meiner Begegnung. Ich hatte mit Männern nicht mehr so viel am Hut, wollte keinen Spekulationen Vorschub leisten und zog mich schon bald zurück ins Bett.

Tatsache ist, dass ich kein Auge zukriegte. Diese Begegnung hatte mich so richtig durchgeschüttelt. Ich hatte mich schon ganz lange nicht mehr verliebt und wenn, dann waren das wirkliche Flops. Ich hatte eigentlich auch nicht die Absicht, es wieder zu tun. Aber unser Gespräch hing mir auch den ganzen Tag noch nach und auch die folgende Nacht schlief ich kaum.

Ich traf mich mit einem alten Freund und ehemaligen Nachbarn und wir machten einen langen Spaziergang. Schließlich erzählte ich ihm von meiner eigenartigen Fahrt und dieser sehr speziellen Begegnung, die ich nicht recht einzuschätzen wusste. Soll ich den Typen anrufen oder nicht. Wolfgang bestärkte mich und meinte, dass ich den natürlich anrufen solle und zwar sofort, denn so etwas erlebe man doch nicht so häufig. Außerdem hätte ich doch nichts zu verlieren. Wenn der Typ sich als ein Blödmann erwies, könnte ich doch jederzeit den Kontakt wieder abbrechen. Da hatte er eigentlich recht.

Ich zückte also auf der Stelle mein Handy und rief bei der Nummer an, die auf dem Zettel stand. Es meldete sich der Anrufbeantworter. Ich sagte dann: „Also, wenn du der bist, den ich Mittwochabend im Zug kennengelernt habe und das nicht etwa eine Fata Morgana war, dann würde ich dich gerne wiedersehen. Ich bin noch bis Sonntag hier im Ländle. Melde Dich doch mal." Ufffhhh!!! Ich hatte es also tatsächlich gemacht, wie aufregend. Dieser Mann beschäftigte mich mehr, als mir lieb war. Zwei Stunden später rief er an und fragte, ob da die reizende Dame aus dem Zug sei. Wir lachten!

Er lud mich ein, am Freitag zu ihm zu kommen, er wolle mir zeigen wo er lebe und arbeite. Ich fragte ihn, ob er mir auf halbem Weg entgegen kommen und mich am Hauptbahnhof Stuttgart abholen könne. Ja, das wolle er gerne machen, könne aber nicht vor 15 Uhr dort sein und es könne möglicherweise auch etwas später werden. Für diesen Fall solle ich bitte wie angewurzelt auf dem Gleis stehen bleiben und vor allem aufpassen, dass mich niemand Fremdes wegschnappe. Das fand ich witzig.

Ich kam pünktlich um 15 Uhr in Stuttgart an und es war niemand auf dem Gleis. Na ja, er hatte ja angekündigt, dass er auch später kommen könnte. Ich dachte mir, wenn er gar nicht auftaucht, dann gehe ich einen Kaffee trinken und fahre halt wieder zurück. Das wäre zwar ziemlich enttäuschend, aber es gibt Schlimmeres. Dann ging ich vor dem Gleis auf und ab und hielt Ausschau und plötzlich erinnerte ich mich nicht mehr daran, wie er aussah. Später rekonstruierten wir die Situation und er sagte, dass es bei ihm genauso war, er rannte irgendwelchen Frauen hinterher, bis er erkannte, dass es nicht die Richtige war.

Plötzlich sah ich ihn, er trug Jeans, ein weißes Hemd und in der Hand eine rote Rose. Ich glaubte es kaum. Wie romantisch war das denn? „Peter?" rief ich. Er sah mich und kam auf mich zu. Wir fielen uns in die Arme und er meinte: „Das waren die längsten fünf Minuten meines Lebens." Ja, meine irgendwie auch, obwohl ich das nicht so ausgedrückt hätte. Ich war auch erleichtert.

Wir gingen zum Parkplatz und suchten sein Auto, das er in der Aufregung nicht sofort fand. Ich hänselte ihn und fragte, ob er denn überhaupt ein Auto besitze. Er lachte und fand es schließlich. Dann fuhren wir in seine Stadt, überraschenderweise zuerst zu seiner Arbeitsstelle, einem riesigen Kongresszentrum mit vielen Sälen und vielen Küchen. Er hatte den Generalschlüssel und zeigte mir alles.

Ich fragte, was er denn hier eigentlich für eine Funktion habe und er antwortete: „Ich bin hier der Oberkaschper." „Das ist mir als Berufsbezeichnung jetzt nicht so geläufig", grinste ich. Er lachte und ließ es dabei bewenden. Na ja, ich dachte, wenn er mir nicht erzählen will, was er arbeitet, dann soll er es halt lassen. Wird sich schon noch herausstellen.

Dann gingen wir ins Zentrum des Städtchens und landeten in einem Café. Wir unterhielten uns angeregt. Dann schaute er auf die Uhr und meinte, er müsse jetzt dringend nach Hause sein Krokodil füttern. Ach du liebe Güte, einer mit Reptilien, na das hatte mir noch gefehlt. Ich schlug ihm vor, dass ich im Café auf ihn warten würde, während er sein Krokodil füttere. Er lachte und meinte, das sei wirklich nicht gefährlich, ich könne ruhig mitkommen. Ich schaute ihn mir genau an und überlegte, ob er mir körperlich wohl überlegen sei, für den Fall, dass er mich dem Krokodil zum Fraß vorwerfen wolle. Würde sich ja für das Krokodil voll lohnen. Ich entschied, dass ich notfalls mit ihm fertig würde und fuhr mit.

Er wohnte am Stadtrand in einer Villengegend, also nach meinem Geschmack recht spießig, aber das konnte mir ja eigentlich egal sein. Wir hielten dann vor einem Einfamilienhaus und als er den Schlüssel ins Schloss steckte, hörte man von drinnen ein kleines Hündchen bellen. Als er die Tür aufmachte, sprang ihm das Hündchen fast bis auf die Schulter vor Freude und er begrüßte es mit den Worten: „Hallo Krokodilchen!", nahm es auf den Arm und streichelte es. Wir schauten uns an und mussten furchtbar lachen und ich glaube in dem Moment habe ich begriffen, was für ein durch und durch humorvoller und witziger Mensch er war. Kein Gedanke mehr an die Reptilien und die eventuelle Selbstverteidigung.

Er zeigte mir dann das ganze Haus vom Keller bis zum Dachboden und ich fragte mich warum nur, denn ich war ja nicht zur Eigenheimbesichtigung angereist. Danach begaben wir uns auf die Terrasse und er servierte mir dort einen O-Saft und sagte mit stark schwäbischem Akzent etwa Folgendes: „So, jetzt hascht du gesehen, wo ich arbeite und wo ich wohne und jetzt weischt du mit wem du es zu tun hascht. Wenn Du willscht, können wir hier zusammen wohnen und wenn nicht, dann kann ich das alles verkaufen und wir ziehen dahin, wo du jetzt lebscht."

Ich dachte, dass dieser Mann den Verstand verloren hat, denn wir kannten uns – selbst wenn man die Bahnfahrt hinzunahm – höchstens etwa vier Stunden. Einerseits fand ich das völlig absurd und andrerseits hörte ich mich sagen: „Also, für mich macht es wenig Sinn hierher zu ziehen, dann müsste ich wieder pendeln. Aber wenn du das alles verkaufen und zu mir ziehen willst, dann find ich das total in Ordnung." „Gut", sagte er, „Dann rufe ich morgen den Makler an." Unglaublich, aber wahr!

Nach vier Wochen verkaufte er sein Haus und zog vorübergehend in eine Dienstwohnung. Wir mussten haufenweise Dinge verschenken und entsorgen. Es war eine riesige Kraftanstrengung, aber er tat das gerne für eine neue Perspektive. Ich lebte wie im Traum und konnte das alles kaum glauben. Dann gab es wieder Tage, an denen erschien mir das alles vollkommen selbstverständlich. Alles in allem bleibt es unbegreiflich.

Etwa nach zwei Wochen meinte er, in unserem fortgeschrittenen Alter wäre es doch besser, wenn wir heiraten würden damit alles seine Ordnung hat. Ich staunte und fand, dass doch auch so alles in Ordnung wäre, denn heiraten stand absolut nicht auf der Liste der Dinge, die ich mir im Leben noch vorgenommen hatte.

Nein, er würde sich wohler fühlen, wenn er sagen könne meine Frau und nicht meine Freundin. Ich sagte ihm, dass er doch schon zweimal verheiratet gewesen sei und dass es ihn nicht vor einer Trennung geschützt habe. Er sei doch schon zweimal geschieden und ich könne nicht verstehen, warum er so versessen darauf sei schon wieder zu heiraten. „Weil diesmal alles anders ist. Diesmal geht es gut, da bin ich mir hundert Prozent sicher. Ich hätte dich schon im Zug geheiratet, wenn ein Standesbeamter im Bistro gewesen wäre." Nun gut, ich sagte ihm, wenn ihm so viel daran liege, dann solle er das organisieren und sich um die Papiere kümmern.

Dann überlegten wir, an welchem Tag die Trauung sein sollte. Er meinte, dass wir uns am Mittwoch den 13. April begegnet seien und wir könnten ja heiraten, wenn das nächste Mal der Mittwoch auf einen Dreizehnten falle. Das fand ich originell und wir stellten fest, dass es der 13. Juli sei, der da als nächstes infrage komme. Ich stellte zur Bedingung, dass wir das erstmal niemandem aus unserem Bekanntenkreis erzählten und dass wir die Trauung zu zweit im Büro des Standesbeamten abwickelten und kein großes Tamtam machten. Er war einverstanden. Brautzeugen brauchte man keine. So machten wir es tatsächlich.

Ende Juli luden wir unsere Freunde und Familienangehörigen zu einem großen Fest ein unter dem Vorwand, Peters neue Übergangswohnung in einem Rokokoschlösschen einzuweihen. Am Ende des Abends gaben wir dann unsere Hochzeit bekannt. Das war vielleicht eine Riesenüberraschung und eine allgemeine Freude. Es wurden auch reichlich Freudentränen vergossen. Diese so rasant geschlossene Ehe war ausgesprochen harmonisch und sehr glücklich. Es gab überhaupt keine Fremdheit zwischen uns. Es war so, als ob wir uns schon seit Ewigkeiten kennen würden. Wenn Peter die Sprüche seines Großvaters zitierte, konnte ich sie ergänzen, denn sie glichen denen meines Vaters. Wenn ich zum Besten gab, was meine Eltern so von sich gegeben hatten, fragte er, wieso die denn das Zeugs von seinem Großvater kannten. Es war einfach unglaublich wie ähnlich wir auch in anderen Hinsichten dachten und fühlten.

Unsere Beziehung wurde auch in schwierigen Phasen (mit dem Fortschreiten seiner Krankheit) immer von seinem nie versiegenden Humor und unserem gegenseitigen Wohlwollen und Vertrauen getragen. Es waren elfeinhalb glückliche Jahre, für die ich immer dankbar sein werde.

Der Krebs nahm ihn mir weg. Unsere Geschichte mit ihren witzigen und traurigen Episoden habe ich – unter anderem – in den Autobiografischen Fragmenten dokumentiert, die im gleichen Verlag wie dieses Buch erschienen sind.

Lesen Sie von GabriELA: „Autobiografische Fragmente"

Gabri ELA

AUTO BIOGRAFISCHE
FRAGMENTE

FUND- UND BRUCHSTÜCKE

stellaplan

Bruch- und Fundstücke einer Biografie, die nicht ganz geradlinig verlief. Das Besondere ist, dass es hier nicht nur um die einfache Niederschrift von Erinnerungen geht, sondern es handelt sich um quellenbasiertes autobiografisches Schreiben. Die Quellen sind alte Tagebücher, Briefwechsel und vor ein paar Jahren selbst verfasste Kurzgeschichten, die neu angeordnet, bearbeitet und interpretiert werden. Es geht um die Freuden und Leiden der Kindheit, des Studiums und der Liebe. Behandelt werden nur die Themen, von denen die Quellen noch vorhanden sind.

Autobiografische Fragmente

Hardcover, 252 Seiten, Fadenheftung

ISBN 9783946310242

www.stellaplan.de